Différence et répétition
dans les *Contes* de La Fontaine

University of Florida Monographs

Humanities No. 52

Différence et répétition
dans les *Contes* de La Fontaine

Jane Merino-Morais

A University of Florida Book

University Presses of Florida
Gainesville

University Presses of Florida is the central agency for scholarly publishing of the State of Florida's university system. Its offices are located at 15 NW 15th Street, Gainesville, FL 32603. Works published by University Presses of Florida are evaluated and selected for publication by a faculty editorial committee of any one of Florida's nine public universities: Florida A&M (Tallahassee), Florida Atlantic University (Boca Raton), Florida International University (Miami), Florida State University (Tallahassee), University of Central Florida (Orlando), University of Florida (Gainesville), University of North Florida (Jacksonville), University of South Florida (Tampa), University of West Florida (Pensacola).

Library of Congress Cataloging in Publication Data

Merino-Morais, Jane.
   Différence et répétition dans les Contes de La
Fontaine.
   (University of Florida monographs. Humanities;
no. 52)
   "A University of Florida book."
   Abstract in English.
   Bibliography: p.
   Includes index.
   1. La Fontaine, Jean de, 1621–1695. Contes et
nouvelles en vers.   I. Title.   II. Series.
PQ1809.M4   1983   841'.4   82–24846
ISBN 0–8130–0762–3

Printed in the U.S.A. on acid-free paper

Table des Matières

Et puis, lecteur, toujours des contes d'amour; ... Toutes vos nouvelles en vers ou en prose sont des contes d'amour; ... Vous êtes aux contes d'amour pour toute nourriture depuis que vous existez, et vous ne vous en lassez point. L'on vous tient à ce régime et l'on vous y tiendra longtemps encore, hommes et femmes, grands et petits enfants, sans que vous vous en lassiez.

Diderot, Jacques le fataliste

Pour mes parents

1. Introduction

Pourquoi les *Contes*? Nous connaissons La Fontaine avant tout pour ses *Fables*, quoiqu'il soit également auteur de poèmes, de récits poétiques, et de pièces de théâtre. Que sont devenus ses contes qui ont joui d'un énorme succès lors de leur parution à travers les années 1660? A l'heure actuelle, les *Contes* de La Fontaine représentent un corpus relativement peu étudié—corpus qui a été traduit en plusieurs langues, qui réjouit continuellement des lecteurs, et qui offre une source de grand intérêt en ce qui concerne la narrativité.

Jusqu'ici les *Contes* ont attiré l'attention d'assez peu de chercheurs. Depuis l'étude de V. Propp sur les contes populaires russes,[1] l'on commence à s'occuper de plus en plus de contes de tous les pays et de toutes les époques. Ceux de La Fontaine semblent avoir échappé trop longtemps, à notre avis, à cette exploration. Il n'existe que deux ouvrages publiés qui sont consacrés exclusivement aux *Contes* de La Fontaine, ceux de J.C. Lapp et de Gilles E. de La Fontaine.[2] Mis à part ces travaux très estimables, nous pourrions citer plusieurs articles intéressants de G. Bornäs, J. Cauley, G. Genot, D. Kuizenga et J. Merino sur un ou plusieurs des *Contes*.[3]

Or, il faut dire que la critique défavorable de quelques hommes de lettres, tels Sainte-Beuve et Valéry, a contribué au quasi-enterrement de ces textes de La Fontaine en faveur de textes plus académiques. A cela s'ajoute le problème suprêmement pragmatique: comment enseigner à des lycéens, voire à des étudiants, les leçons paillardes des *Contes*? On s'est contenté de traiter les *Fables*, textes didactiques, de "bon goût," accessibles aux enfants de par le monde animal; quoique remplies de bêtes féroces et malicieuses, les fables sont éminemment "sûres," faisant moins peur aux enseignants que les personnages humains mais gaillards des *Contes*.

Avec C.A. Walckenaer nous préférons mettre en valeur d'autres aspects de ces textes de La Fontaine: "Celui-ci a peut-être...surpassé ses modèles dans l'art de préparer, comme sans dessein, les incidents; de ménager des surprises amusantes; de s'entretenir avec son lecteur; de plaisanter sur les objections et les invraisemblances de son sujet; d'animer ses récits par la gaieté du style et

1

par les graces [*sic*] d'une poésie légère et facile." En outre, Walckenaer dit que même à l'époque "les plus honnêtes gens ne se firent aucun scrupule de s'amuser de ses joyeuses productions." [4]

Commençons avec les mots mêmes que La Fontaine fit paraître en tête d'une plaquette parue en 1664. Un *Avertissement* précédant ses deux premiers contes offerts au public présente ainsi les ouvrages:

> Les *nouvelles en vers* dont ce livre fait part au public, et dont l'une est tirée de l'*Arioste*, l'autre de *Boccace*, quoique d'un style bien *différent*, sont toutefois d'une *même* main. [5]

Cette phrase, la première de l'*Avertissement* et la première de La Fontaine touchant ce segment de son oeuvre, suggère déjà trois points d'intérêt pour l'ensemble des *Contes et nouvelles en vers*. Premièrement, la forme des nouvelles en vers pose un problème quant au statut générique: s'agit-il de prose ou de poésie? Deuxièmement, les récits dans ces premiers textes, au lieu d'être inventés *stricto sensu*, sont empruntés à deux grands auteurs italiens. Et finalement, il s'y maintient l'entrecroisement de la différence de style due aux sources et l'identité de l'empreinte fournie par la main de La Fontaine. L'appariement de ces éléments divers et parfois contradictoires en apparence est justement ce qui attire notre attention à ces *Contes*, nous invite à les examiner de plus près, et continue à fasciner même le regard habitué.

A la lecture ainsi qu'à la relecture des soixante-dix textes que comporte notre corpus, il y apparaît une propriété narrative frappante qui est le jeu de différence et de répétition à tous les niveaux. Cette caractéristique dépasse celles qui sont le plus souvent associées à cette partie de l'oeuvre lafontainienne—l'esprit gaulois, la licence des moeurs, l'irrévérence envers l'Eglise comme envers l'institution du mariage. La différence et la répétition subsument des thèmes et des configurations discursives particulières; elles apparaissent en tant que fils conducteurs, deviennent saisissables grâce à une grammaire narrative qui nous permet de rassembler et de comparer des occurrences disparates. Pour revenir à l'extrait de l'*Avertissement*, si la nouvelle et les vers, si l'Arioste et Boccace sont différents les uns des autres, ils se rejoignent quand même dans les catégories sémiques qui les comprennent, genres et conteurs respectivement. Ainsi, "d'une même main"—celle de La Fontaine—sortent deux articles différents.

La citation anecdotique ci-dessus sert de présage à la suite du corpus aussi bien qu'à l'optique adoptée dans ces pages. Guidées surtout par les principes de la sémiotique greimassienne et procédant selon la mise en pratique de sa grammaire narrative, nous nous concentrons sur ce jeu de différence et de répétition qui semble régir la production du sens dans les textes. Ces deux termes—différence et répétition—dont les emplois seront explicités plus bas, sont perçus dans le cadre d'un univers diégétique essentiellement binaire, c'est-à-dire où règne une logique gouvernée par un système d'oppositions inspiré par le binarisme épistémologique. "Le Sort se plaît à dispenser les choses/ De la façon; c'est tout mal ou tout bien," professe le narrateur dans *L'Oraison de Saint Julien.* Nous nous intéressons en particulier au fonctionnement du conte lafontainien, au "comment" il produit de la signification, et non pas au(x) sens (i.e., matière, paraphrase) d'un texte ou d'un groupe de textes. Dans cette perspective, nous insistons autant sur le procès sémiotique, qui désigne l'axe syntagmatique, que sur le système, ou l'axe paradigmatique.

Il serait quasiment impossible de préciser nos acceptions de la différence et de la répétition sans référence à la "structure élémentaire de la signification" telle qu'elle est entendue par A.J. Greimas. Cette structure élémentaire porte sur une relation simple de laquelle s'impose une double constatation:

(1) Pour que deux termes-objets puissent être saisis ensemble, il faut qu'ils aient quelque chose en commun.

(2) Pour que deux termes-objets puissent être distingués, il faut qu'ils soient différents, de quelque manière que ce soit.[6]

Donc la relation est fondée en même temps sur la conjonction et la disjonction, sur la ressemblance et la différence. Montaigne a constaté douloureusement: "Comme nul evenement et nulle forme ressemble entierement à une autre, aussi ne differe nulle de l'autre entierement. Ingenieux meslange de nature.... Toutes choses se tiennent par quelque similitude...."[7] Ce que cet écrivain de la Renaissance considérait comme faisant une difficulté épistémologique, les sémioticiens d'aujourd'hui perçoivent en tant que fondement d'une méthode d'analyse et d'élucidation. Les deux concepts se réunissent et se confondent; Gilles Deleuze explique qu' "à la divergence et au décentrement perpétuels de la différence, correspondent étroitement un déplacement et un déguisement dans la répétition."[8] Or, la différence n'a de sens qu'au sein de la ressemblance et que par rapport à la répétition du même. Cette idée s'avère primordiale pour un système d'analyse qui enseigne que "la saisie intuitive de la *différence*... constitue... la première condition de l'apparition du sens."[9] Dans une formulation d'une plus grande portée, Greimas affirme que "nous percevons des différences et, grâce à cette perception, le monde 'prend forme' devant nous et pour nous."[10] Si c'est l'écart différentiel qui crée la signification, celle-ci présuppose l'existence d'une relation réunissant des termes qui sont inconnaissables par eux-mêmes. Ce concept a été exprimé également par B. Herrnstein Smith à l'égard de certaines structures poétiques: "formal structure is perceived as a relationship among elements, and a foot is thus not formally significant until it has been repeated or perceived in relation to some other foot—that is, not until it functions in a line." [11] Bien entendu, le mot "foot" n'a qu'à être remplacé par "segment" ou "séquence" pour que cette assertion s'insère parfaitement dans la théorie greimassienne.

Au cours de nos analyses textuelles seront mis en lumière tous les niveaux pertinents où peuvent être situées les différences responsables de la signification. L'adhésion aux règles de la démarche sémiotique aura comme but de faire valoir la spécificité de chaque texte tout en le rapprochant, soit par ses similitudes structurales, soit par la récurrence d'éléments sémio-narratifs, aux autres textes du corpus. Les rôles actantiels, qui relèvent de la syntaxe narrative de surface, définissent la fonction des personnages et les relations entre eux, ce qui favorise des analogies intertextuelles. Par rapport à un fond de ressemblance, on parvient à "mesurer" des écarts différentiels. Le modèle actantiel fournit en partie ce fond: "le contenu des actions change tout le temps, les acteurs varient, mais l'énoncé-spectacle reste toujours le même, car sa permanence est garantie par la distribution unique des rôles." [12] De même, quant à l'action, on peut parler de "performances qui, en tant qu'unités syntaxiques, sont récurrentes et formellement identiques." [13] Enfin, la suite de transformations qui constituent normalement l'énoncé donnent lieu, aux niveaux syntaxique et sémantique, à des différences qui construisent le sens. Ce n'est pourtant qu'après avoir vu l'organisation et le fonctionnement d'un texte que l'on a la possibilité d'évaluer les différences pour en faire du sens.

On ne pourrait pas traiter pleinement ce sujet sans invoquer le travail extrêmement important de Jacques Derrida sur l'écriture et la différence. [14] Plus particulièrement, son concept de "différance" considéré en concomitance avec la structure élémentaire de la signification fait valoir davantage notre thèse en rehaussant l'idée de la relation signifiante. La différance, selon Derrida, est la possibilité même de la conceptualité, le jeu qui "produit" des différences et selon lequel tout système se constitue comme tissu de différences. Ce qui s'écrit *différance* "marque non seulement l'activité de la différence 'originaire' mais aussi le détour temporisateur du différer." [15] Ce mouvement rejoint en quelque sorte la relation à la fois conjonctive et disjonctive de Greimas en ce qu' "il faut qu'un intervalle sépare [un élément] de ce qui n'est pas lui pour qu'il soit lui-même." De plus, le principe greimassien de la structure polémique de la narrativité ressemble à la notion de Derrida d'une discorde active "des forces différentes et des différences de forces" inhérente à la différance.[16] Le concept saussurien du signe avec ses composantes "signifiant" et "signifié" pourvoit la base, dirait-on, à ce mouvement de la signification qui "n'est possible que si chaque élément... apparaissant sur la scène de la présence, se rapporte à autre chose que lui-même."[17]

Par ailleurs, la dérivation du néologisme de Derrida nous intéresse pour ses implications pratiques au niveau de l'énoncé narratif. La conjonction du temporel et du spatial—"temporisation" et "espacement"—évoqués par la forme verbale "différer" suggère le transitif et l'intransitif, l'actif et le passif. Ainsi, certaines différences seraient créés en conséquence d'une transformation opérée par un sujet performatif; d'autres se produiraient en raison de la simple récurrence d'un événement donné. Puisque "l'espace et le temps sont eux-mêmes des milieux répétitifs," comme l'affirme Deleuze,[18] ils favorisent la perception de la différence. A cet égard, la notion de "détour" nous est infiniment utile. A partir du sens propre du mot, l'écart d'un chemin direct, s'offrent de nombreux emplois figurés—un détour dans un programme narratif, par exemple. Dans les *Contes* de La Fontaine, des circonlocutions verbales, des déviations sociales, et surtout des subterfuges amoureux abondent. De fait, la *Concordance* montre que les variantes lexémiques de "ruse," "stratagème," "tour," et "détour" se manifestent d'une fréquence étonnante.[19] La sémiotique de la manipulation nous permet de cerner les schémas narratifs construits autour de ces sémantismes.

Il faudrait préciser en cette conjoncture que les divers termes utilisés se rapportant à la différence et à la répétition sont absolument sans valeur axiologique préalable, et que seul le texte individuel serait en pouvoir de leur attribuer des valorisations quelconques. Nous voulons avertir le lecteur contre le genre de jugement fait par Roland Barthes, par exemple, dans *S/Z*: "La relecture est ici proposée d'emblée car elle seule sauve le texte de la *répétition*,"[20] où la répétition est vue comme l'incarnation du mal. Parallèlement, la différence en elle-même n'est dotée d'aucune valeur euphorique et ne passe obligatoirement ni par le positif ni par le négatif. Dans *Différence et répétition*, Deleuze souligne le fait que la différence n'est pas subordonnée à l'identique; elle n'est pas le monstre, la faute, ou le péché non plus.[21]

Nous parlerons de la différence et de la répétition à l'égard des caractéristiques humaines, des structures sémio-narratives, de l'acte sexuel, des contenus d'énoncés, de la manifestation discursive, de la reproduction biologique et verbale....L'énumération reste incomplète. Elles seront tantôt des termes techniques, tantôt des idées abstraites; ici elles auront un sens précis et restreint, là une portée presque illimitée. Néanmoins, elles serviront partout à identifier soit une fonction syntaxique sur l'axe syntagmatique, soit une classe sémantique sur l'axe paradigmatique.

Si nous nous plaçons parmi "les plus honnêtes gens" qui, comme l'a dit Walckenaer, "ne se firent aucun scrupule de s'amuser de [ces] joyeuses productions" [*supra*, p. 2], il nous faut fixer de prime abord la règle du jeu. Qu'il soit clair que l'étude contenue dans ces pages ne prétend nullement constituer une description exhaustive des *Contes*. L'on est souvent amené à reconnaître l'impossibilité de tout dire, même à l'intérieur de son domaine choisi. De plus, l'analyse "totale" est bien utopique et l'établissement de ses propres confins sert à orienter et à aiguiser les pensées. Nous limiter à une étude de la narrativité présuppose l'omission consciente de certains aspects de l'écriture de notre auteur, omission qui ne porte aucun jugement de valeur. Une étude de la narrativité—dans son sens généralisé plutôt que dans le sens restrictif de formes figuratives—touche aux principes organisateurs du discours.

Les cinq chapitres dont le corps du travail est composé offrent chacun un caractère un peu différent selon le sujet d'investigation. Chacun des chapitres représente l'analyse détaillée d'un seul texte lafontainien suivant le concept sémiotique qui, à notre avis, réussit le mieux à cerner ses problèmes narratifs principaux. Ainsi, avec le titre du conte en question, le sous-titre du chapitre est censé signaler plus spécifiquement l'optique de l'analyse. Ce genre de désignation satisfait à une double intention: indiquer la primauté du texte de La Fontaine, premièrement, et ensuite, suggérer une sorte de dépendance réciproque du conte et de la méthodologie. L'effort pour promouvoir cette heureuse coexistence dérive de notre espérance de pouvoir contribuer à la connaissance de l'oeuvre de La Fontaine aussi bien qu'à celle de la sémiotique littéraire.

En ce qui concerne les critères de sélection des contes expliqués dans ce travail, nous soulignons la qualité représentative foncière des cinq textes choisis comme bases de discussion. La constatation de la thèse de différence et répétition a été faite à partir d'un examen approfondi du corpus entier; le choix subséquent est le fruit d'une synthèse. Les cinq contes déploient d'une manière supérieure certaines caractéristiques relatives à la différence et à la répétition, et se prêtent également bien au genre d'analyse sémiotique qui leur est appliquée. Les contingences ne permettant pas d'étudier tous les textes dans ces pages, nous devons nous contenter de faire référence, dans la mesure du possible, aux autres. Etant donné la teneur de ce travail, une familiarité de la part du lecteur avec la démarche sémiotique enseignée par A.J. Greimas est présupposée; le contenu des chapitres est d'une complexité croissante, les configurations et les schémas les plus aisément repérables se trouvant tout au début.

Le Chapitre 2 sur *La Fiancée du roi de Garbe* examine la circulation d'un objet de valeur, la fiancée elle-même en l'occurrence. Alaciel, en tant qu'objet, subit un transfert continuel des mains d'un sujet à l'étreinte d'un autre. Ces jonctions multiples, en vue d'un mariage avec le roi d'un pays lointain, la pousse plus ou moins en avant sur son trajet, tout en effectuant une série de transformations. Qu'elle n'a peut-être plus la même valeur une fois arrivée à sa destination qu'au début est une question discutable. Or, le jugement rendu par le sujet qui la recherche tient bon.

Le *Conte tiré d'Athénée*, celui qui est appelé aussi *Les Deux amis*, offre l'occasion de considérer un texte court, de seize vers seulement, en tant que poème à proprement parler. Ce Chapitre 3 se concentre sur le rôle du sujet-duel (deux amants) par rapport à l'objet (une femme, pour commencer) et sur la corrélation des niveaux différents du texte. Des équivalences dans la syntaxe, la sémantique, et la rime mènent à la fin à des spéculations sur l'idée d'engendrement—c'est-à-dire la procréation aussi bien que la production du sens.

La communication différée est l'objet d'étude dans le Chapitre 4 sur *La Confidente sans le savoir*. Le processus de "différance" est vu d'abord à travers les structures de la manipulation et, ensuite, grâce à l'apport philosophique de J. Derrida. Une proposition amoureuse ne se fait comprendre que dans un cadre d'obstacles dans lequel elle est transmise, et cela à plusieurs reprises. Par ailleurs, la ruse employée par Aminte pour attirer Cléon à ses côtés soulève le problème de la véridiction, le jeu de l'être et du paraître qui détermine le résultat du stratagème.

Dans le Chapitre 5 il s'agit du problème de l'intertextualité étudiée d'abord en tant que concept théorique, considéré en sa relation avec la répétition et l'originalité. Ensuite, nous tentons une analyse comparative du *Faiseur d'oreilles et le raccommodeur de moules* et des textes de Boccace, de Des Périers, et des *Cent Nouvelles nouvelles* qui présentent la même matière narrative. En dernier lieu se fait une analogie entre "faire" et "raccommoder," les deux verbes clefs dans ce conte de La Fontaine, et l'écriture différante de l'auteur.

Joconde est peut-être le texte le plus exemplaire des *Contes et nouvelles en vers* de La Fontaine. Le Chapitre 6 le prend donc en but d'une reprise d'un certain nombre de principes sémiotiques vus dans les chapitres précédents, parmi lesquels se trouvent le sujet-duel, le contrat sexuel, et l'homologie des séquences. D'autre part, la différence et la répétition sont examinées sous une perspective économique suivant la loi de l'offre et de la demande, aussi bien que sous une optique sociale où les objets de désir sont classés selon leur rang. En conclusion, nous proposons une synthèse de la relation différence/ressemblance telle que Joconde et Astolphe la saisissent—histoire d'illusions perdues avant Balzac. Tout n'est pas perdu pourtant; les aventuriers (re)gagnent leurs femmes ainsi qu'un savoir essentiel.

Nous tenons à marquer notre fidélité à l'auteur, en ce qui concerne l'attention et le zèle portés à son oeuvre, et le très grand respect à l'égard de son écriture. Nous croyons fermement en même temps que l'approche sémiotique permet d'explorer et d'apprécier les profondeurs, les coins, et les recoins des textes insuffisamment explorés et appréciés jusqu'ici.

2. *La Fiancée du roi de Garbe*

la circulation de l'objet de valeur

Il était une fois un sultan d'Alexandrie dont la fille, qui se recommandait par toutes les qualités estimables (avec celle d'être accommodante en abondance), était octroyée en mariage à Mamolin, roi de Garbe. *La Fiancée du roi de Garbe* est donc l'histoire d'un mariage, et plus précisément l'histoire de l'épreuve que subit la fille Alaciel afin de rejoindre son prétendu. L'épreuve en question se présente d'emblée car le roi de Garbe est séparé géographiquement de sa fiancée par une distance importante. Dès que le père, Zaïr, fait embarquer sa fille pour Garbe sous la charge d'un jeune seigneur de la cour du sultan, le récit ainsi que l'épreuve prend son essor.

En termes sémiotiques, la structure de base de cette histoire est simplement la transformation d'un état initial disjonctif (le célibat) à un état final conjonctif (le mariage), où les principaux actants sont le sujet (S = roi de Garbe) et l'objet (O = Alaciel) qu'il désire. Cette transformation, comme toutes les transformations, se caractérise par une synthèse de la différence et la ressemblance: répétition de deux éléments syntaxiques dans des relations différentes. On peut représenter cette situation narrative par les énoncés suivants.

état initial : $S \lor O$ S = roi de Garbe
état final : $S \land O$ O = Alaciel
transformation : $(S \lor O) \Rightarrow (S \land O)$

Notons qu'il s'agit de deux énoncés d'état régis par un énoncé de faire, le faire modalisant l'être. A l'ouverture du récit il y a également une disjonction entre le sujet et l'objet sur l'isotopie spatiale, disjonction qui disparaîtra au moment où les deux acteurs se rencontrent. Or, pour oblitérer cette séparation géographique et pour effectuer en même temps une conjonction, il faut que la fiancée quitte la maison de son père et passe entre d'autres mains avant de parvenir au foyer conjugal. Le parcours qu'elle doit suivre prend la forme de l'axe de la communication:

9

$$D_1 \rightarrow O \rightarrow D_2 \qquad D_1 = \text{Zaïr (père)}$$
$$D_2 = \text{roi de Garbe (fiancé)}$$

La communication a lieu entre un père-destinateur et un futur mari, destinataire (et sujet syncrétisé) d'un soi-disant objet de valeur. Ce transfert d'objet décrit forcément un système d'acquisition et de privation qui s'exprime également par des jonctions, $D_1 \vee O \wedge D_2$. Bien entendu, la variable dans cette histoire se situe dans l'instance du transfert lui-même. Rappelons-nous qu'Alaciel entreprend un long voyage, un déplacement géographique dont la nature est fort incertaine. Du point zéro jusqu'à la réalisation de la conjonction finale, le faire transformateur est effectué de manière unilatérale par Alaciel (O). Elle agit indépendamment et du destinateur et du destinataire pendant la période du transfert. Cependant, ce faire transformateur présuppose une compétence correspondante comportant deux valeurs modales:

—la modalité du *devoir* (faute du vouloir dont la fiancée n'est pas dotée), son père ayant ordonné le mariage ("l'on accorda la belle"), et
—le *pouvoir* nécessaire pour l'effacement de la disjonction géographique. Le pouvoir, étant une modalité exotaxique actualisante, surdétermine l'énoncé d'état final. L'importance de cette modalité ressortira clairement durant le fil du récit, là où surviennent les obstacles posés contre le devoir-faire.

Histoire des huit (ou, Histoire de l'O)

Ce serait déjà un faire accompli si les choses en restaient là. Seulement, l'actualisation devient problématique parce que la modalité du pouvoir se montre précaire. Il y a un élément qui manque à notre distribution actantielle, élément responsable de contrecarrer le pouvoir-faire, élément qui joue le rôle d'auxiliant négatif: l'opposant (T). La fiancée qui s'en va effectivement dans la direction de Garbe sera vite détournée de son chemin grâce à toute une série d'opposants actorialisés par divers types d'hommes munis d'intentions peu honorables. A ce propos, le narrateur du conte nous fournit cette précision même avant le commencement du récit proprement dit:

... la belle en ses traverses,
Accidents, fortunes diverses,
Eut beaucoup à souffrir, beaucoup à travailler,
Changea huit fois de chevalier.

Avec huit opposants en tout (T_{1-8}), chacun avec son propre programme narratif [PN $= T \rightarrow (T \wedge O)$], l'histoire de ces "traverses" constituerait une histoire autonome en elle-même. De fait, les nombreuses péripéties amenées par les opposants nous font presque perdre de vue la structure fondamentale du conte, c'est-à-dire la quête du mariage.

La Fiancée du roi de Garbe est le conte le plus long du corpus de La Fontaine, petit détail significatif. Il compte (il conte) 801 vers par rapport au plus court, *Conte de **** (nommé dans certains manuscrits *Soeur Jeanne*), qui n'en a que dix. La longueur peu commune pour ce corpus permet l'enchaînement continuel des séquences et souligne surtout la circulation de l'objet de valeur. Le syntagme dont on va suivre la trace ressemble à la suite d'aventures dans les romans de Chrétien de Troyes qui, eux aussi se terminent très souvent par la conjonction d'un couple. Bien que le lecteur soit préoccupé ici par des aventures parfois grivoises, toujours pittoresques et pleines de verve, il ne faut pas oublier le cadre narratif qui les motive. Etant donné le caractère virtuel de la relation entre sujet et objet, l'insistance sur l'enchaînement des aventures qui occupe quasiment tout l'énoncé reporte l'attention sur le processus d'actualisation de cette relation.

Ainsi, la fiancée de notre conte se présente en tant qu'objet convoité qui passe de main en main, "chaque transfert constituant un pivot narratif à partir duquel tout peut recommencer.... si le récit semble sous-tendre une sorte de syntaxe élémentaire de transferts, les déplacements d'objets sont en même temps recouverts, à un niveau plus superficiel, par des *configurations discursives* de toutes sortes (épreuves, rapts, escroqueries, échanges, dons et contre-dons) qui les développent de manière figurative." [1] Le parcours théoriquement simple entre l'état initial et l'état final, défini par un déplacement géographique, est rendu complexe à cause d'une série d'obstacles. En suivant la trace du parcours, nous allons examiner de près ces configurations pour voir en quoi elles consistent et comment elles fonctionnent.

Huit séquences s'intercalent entre la séquence initiale et la séquence finale et s'orientent selon une logique narrative vers une fin qui cherche à supprimer la disjonction topologique du début. Tout commence par la résolution de la part de Zaïr de mettre sa fille en route: "Il fallut se résoudre à partir de ces lieux"—départ qui amorce la quête du mariage. Mais, puisqu'une princesse ne s'éloigne pas de la cour sans escorte, son père la confie à Hispal, jeune seigneur de la cour d'Alexandrie, pour assurer l'affaire. Hispal, assigné ainsi au rôle d'adjuvant, est censé aider à la réalisation du programme narratif du sujet [S → (S ∧ O)]. Or, il se trouve par hasard qu'Alaciel et Hispal se plaisent beaucoup l'un à l'autre et "tous deux brûlaient sans oser se le dire." En principe, un adjuvant ne doit pas partager les mêmes desseins que le sujet sur l'objet. Un conflit inhérent existe donc déjà grâce à cette instance de syncrétisme où l'adjuvant et l'opposant virtuel sont présents dans le même acteur. Ce phénomène sert dès le départ à déprécier le pouvoir-faire qui est indispensable pour la performance que représente la conjonction finale. Hispal, tout en étant adjuvant, ne sera que le premier de toute une lignée d'opposants qui auront pour effet de différer cette conjonction.

La première étape du trajet n'est point de bon augure: attaque après huit jours par un vaisseau de corsaires mené par Grifonio le gigantesque (T). Grifonio se met impétueusement à bouleverser littéralement les choses. Se plaçant en confrontation avec Hispal, le corsaire domine et emporte Alaciel "comme un moineau" avec sa cassette aux bijoux (une sorte d'objet de valeur annexe). Ces événements peuvent être exprimés par les énoncés narratifs suivants:

énoncé d'état : $A_1 \wedge O$ A_1 = Hispal
confrontation : $T \leftrightarrow A_1$ O = Alaciel
domination   : $T \rightarrow A_1$ T = Grifonio
attribution   : $T \wedge O$

Cette unité syntagmatique constitue un faire performatif effectué par Grifonio en tant que sujet de son propre programme narratif. Malgré cette performance la réussite est éphémère. Cette séquence aux résonnances rabelaisiennes finit mal pour le premier opposant. Le corsaire géant est coupé en deux par l'adjuvant revivifié, et le dépècement qui se trouve au niveau figuratif se reflète en même temps au niveau narratif par une disjonction: $T \vee O$. A ce moment-là, l'adjuvant a la possibilité de reprendre l'objet, et l'histoire recommence.

Maintenant les acteurs sont gravement handicapés dans leur quête du mariage puisqu'ils ont perdu leur vaisseau pendant le "combat acharné." Isolés sur "la liquide plaine" en attendant un Godot quelconque, Alaciel aborde le sujet de la mort qui "est chose si sûre" en cette aventure. Toutefois, Hispal est persévérant:

> "J'ai de la force encor; la côte est peu distante;
>   Le vent y pousse; essayons d'approcher;
>   Passons de rocher en rocher;
>   J'en vois beaucoup où je puis prendre haleine."
>   Alaciel s'y résolut sans peine.

Ces cinq vers dépeignent remarquablement l'ensemble du parcours entrepris par Alaciel. On pourrait même y lire une allégorie en abrégé. Très importante est la notion de continu(ité) et de discontinu(ité) dans le "passons de rocher en rocher," le mouvement en avant et les points d'arrêts qui jalonnent le trajet. Le rocher relève de l'isotopie topologique en général, et du concept de spatialisation, dont nous reparlerons. Le vent qui pousse, tout comme le père d'Alaciel, remplit le rôle de destinateur. La côte peu distante serait la destination finale comparable à Garbe. L'acte de passer d'un bord à l'autre grâce à une "force"—pouvoir modal au sens propre—tout cela est parfaitement analogue au parcours figuratif du conte. C'est "sans peine" qu'Alaciel se met d'accord sur le désir d'Hispal. Nous appliquons à ce qualificatif atténuant qui se manifeste au niveau de l'énonciation énoncée (et qui annonce l'ironie caractéristique de La Fontaine) ces phrases de V. Jankélévitch: "C'est reculer pour mieux sauter et descendre pour mieux monter. La litote est donc un stratagème; une arme pacifique, mais enfin une arme."[2] Résoudre sans peine préfigure l'emploi répandu de la litote dans ce texte. Retournons maintenant à la trace du couple errant, au propre et au figuré.

"Les revoilà sur l'onde ainsi qu'auparavant": retour à l'état d'avant Grifonio (A ∧ O). Seulement, au fur et à mesure que l'on avance sur le plan syntagmatique, l'opposant virtuel dans l'adjuvant devient actualisé. Hispal et Alaciel sont dès lors à la recherche d'une consolation pour la mort qu'ils attendent. Cette quête, un petit programme narratif subordonné, nécessite aussi un petit déplacement du rocher jusqu'à un certain château. Près d'un antre situé dans un bois du parc contigu au château il se passe des choses entre nos deux personnages. Dans ce "lieu solitaire" et "sombre surtout," les voilà "en un bord étranger,/ Ignorés du reste des hommes," surtout d'un homme en particulier: le roi de Garbe. Il est évident que cet antre favorise le "mystère" qu'est l'amour. Hispal est en train de faire à sa compagne une proposition (logique) qui préconise une fin de vie languissante comme consolation adéquate à une mort certaine—discours objectif basé sur un jugement aléthique (jugement de vérité).[3] Cet endroit où ils éprouvent les douceurs de l'amour est un site signifiant qui correspond aux paramètres de la proposition. "L'antre du lion," par exemple, est un motif bien connu dans les *Fables* de La Fontaine: "cet antre/ Je vois fort bien comme l'on entre,/ Et ne vois pas comme on en sort" (*Le Lion malade et le renard*). L'allusion est utile pour comprendre l'astuce de la convergence de la mort et de l'amour; l'antre devient par convention un lieu d'où on ne peut guère espérer sortir une fois qu'on (y) est entré/antré. Cette homonymie joue également sur le plan sexuel. "Profitons-en," implore d'un ton ronsardien Hispal qui n'est déjà plus tellement adjuvant. Ce *carpe diem* à la manière de La Fontaine marque en fait le point de trahison désignant Hispal comme opposant: "Ou favorisez votre amant,/ Ou qu'à votre époux il vous mène." A un tas de raisonnements tels que celui-là vient s'ajouter une pluie qui "acheva l'affaire" en les forçant d'entrer dans l'antre. Cette entrée topologique amène l'acte sexuel (l'entrée dans l'antre de Vénus), et à son tour la réalisation de la consolation, la jouissance mutuelle, et la fin de ce programme narratif annexe caractérisé par le couple doublement conjoint ($T_1 \wedge O$).

Alaciel expédie aussitôt son amant. Hispal retourne à la cour d'Alexandrie pour faire envoyer une escorte plus sûre. Zaïr envoie un deuxième détachement, porteur de la modalité du pouvoir ("escorte puissante"), dont le chef "était jeune et bien fait." Ce signe, formule assez courante chez La Fontaine,[4] situé au niveau de la manifestation du texte, nous avertit de la virtualité d'une répétition de l'adjuvant changé en opposant. Il est analogue aux jeunes hommes aux cheveux blonds et bouclés chez Balzac qui sont sûrs de réussir. Cette séquence d'énoncés décrit la présente conjoncture narrative:

$T_1 \vee O$: disjonction
$T_1 \rightarrow D_1$: répétition du déplacement fait au début
$D_1 \rightarrow (A_2 \wedge O)$: répétition de la communication du pouvoir
$A_2 \rightarrow O$: répétition du même déplacement

Arrivé au château, le jeune chef d'escorte s'éprend d'Alaciel et "il lui dit sa pensée." Cependant, la fiancée lui rappelle son devoir d'agent de secours. Lui, désespéré, prend la décision de se laisser mourir de faim. Les personnages de La Fontaine ne sont presque jamais sans stratagème! Ce genre de persuasion manipulative a l'air d'être efficace car "Par pitié donc elle condescendit/ Aux volontés du capitaine,/ Et cet office lui rendit/ Gaîment, de bonne grâce, et sans montrer de peine." Alaciel paraît bien accommodante dans ces circonstances ainsi qu'on l'avait dit. Quant à son acquiescement, l'explication est fournie au niveau de l'énonciation énoncée (de tant de choses La Fontaine est responsable!), et encore une fois en forme de litote. John Lapp l'appelle "the irony of female insatiability"; V. Jankélévitch en expose son fonctionnement:

> la litote, qui signifie beaucoup en disant peu, est...le régime de l'économie et de la plus grande densité spirituelle.... La litote en cela tient compte de la nature non-spatiale et non-quantitative du sens: car le signifié est de l'ordre de la qualité.... Elle applique une sorte de *lex minimi* qui l'oppose diamétralement à la redondance et à tous les pléonasmes de la pensée ou du langage.[5]

Nous aurons huit opposants-amants dans *La Fiancée du roi de Garbe* et chaque fois le consentement d'Alaciel sera exprimé par cette figure de rhétorique. Cela est significatif: rompre même provisoirement le contrat d'alliance avec le roi de Garbe exige une justification sérieuse.

Pour continuer la notation de la séquence d'énoncés il faudrait indiquer tout d'abord le syncrétisme d'actants:

$$A_2 \Rightarrow T_2 \qquad : \text{transformation}$$
$$T_2 \rightarrow (T_2 \wedge O) \qquad : \text{désir pour l'objet}$$
$$T_2 \wedge O \qquad : \text{conjonction}$$

La séquence commence par une disjonction et se termine par une conjonction avec le même objet de valeur, ce qui rejoint l'idée du transfert comme pivot narratif présentée plus haut (p. 11).

Alors que le chef d'escorte se délasse après son "remède," le prochain traître touche la rive. On dirait un réglage parfait de l'horloge narrative! Le mécanisme n'est pourtant pas difficile. "L'objet-valeur a besoin d'être poussé et attrapé par des sujets performants. ...la circulation des objets présuppose la mise en place préalable des sujets qui les manipulent."[6] Le nouveau sujet performant/opposant est le lieutenant de Grifonio, le corsaire "pourfendu" d'une séquence antérieure. Son lieutenant, lui aussi, se met en confrontation avec le protecteur de la belle jeune fille ($T_3 \leftrightarrow T_2$). Cette fois le corsaire se débarrasse de l'autre (domination, $T_3 \rightarrow T_2$) après lequel il impose à la fiancée une rétribution pour avoir fait souffrir le pauvre amant précédent. "Vous jeûnerez à votre tour,/ Ou vous me serez favorable." Cet ultimatum montre le lieutenant en tant que détenteur d'une sanction soit dysphorique soit euphorique, au choix de sa victime. Payer son dû consiste donc pour Alaciel de la mort ou de l'amour. D'une manière non pas surprenante elle se laisse fléchir en raison de l'éventualité: "S'accommoder à tout est chose nécessaire;/ Ce qu'on ne voudrait pas, souvent il le faut faire." Le devoir triomphe sur le vouloir, selon cet énoncé, et "Elle se force donc, et prend en gré le tout./ Il n'est affliction dont on ne vienne à bout." L'ambiguïté entre les aspects dysphorique et euphorique de cette rétribution nous rapproche d'un segment similaire dans le conte intitulé *Le Diable en Enfer*:

Moitié forcée, moitié consentante,
Moitié voulant combattre ce désir,
Moitié n'osant, moitié peine et plaisir
Elle crut faire acte de repentante.

Tandis que notre corsaire est en train d'imposer à Alaciel cette affliction, le seigneur d'un château voisin prépare une scène de sauvetage. Sous le prétexte de tirer sa voisine "d'entre les griffes du mâtin," le seigneur ne fait que chasser sa proie. Encore une fois, la conjonction avec l'objet de désir va s'opérer par moyen d'une disjonction préalable: $(T_3 \bigvee O) \rightarrow (T_4 \bigwedge O)$. Ce seigneur est un véritable sujet selon le pouvoir, ayant largement de quoi payer et former un régiment, et il agit comme tel. Par suite des opérations stratégiques, le corsaire (T_3) est pendu et la dame capturée. Comme si en reconnaissance du jeu de la circulation de l'objet, Emile Montégut a remarqué en 1863 que "cette femme née princesse et fiancée de roi [passe] de main en main comme une esclave antique."[7] Il est vrai que sa condition sociale importe peu dans ces relations. Il faut constater, en revanche, qu'elle prend l'habitude d'être maîtrisée, domptée comme un fauve. Ici, après un petit déplacement jusqu'à l'appartement de son voisin, Alaciel est subjuguée d'abord par ses sens et ensuite...

> Bacchus donc, et Morphée, et l'hôte de la belle,
> Cette nuit disposèrent d'elle.
> . . . .
> Elle ne put crier, et, de crainte saisie,
> Permit tout à son hôte, et *pour un autrefois*
>   Lui laissa lier la partie.

Grâce à l'intoxication, au "poison" qu'est le vin, Alaciel perd son pouvoir de raisonner. Elle se trouve donc forcée de se conduire d'une façon déraisonnable. Entretemps, la fiancée du roi de Garbe n'avance pas trop vers sa destination. "Pour un autrefois" l'objet de valeur est manipulé en sorte que l'état final du récit soit différé. Une telle répétition de la séquence de l'opposant (et nous en serons bientôt à la cinquième), surtout quand elle est favorisée par le "laisser" aller de l'objet, en dit loin sur la valeur de la fin.

> If repetition is mastery, movement from the passive to the active; and if mastery is an assertion of control over what man must in fact submit to—choice, we might say, of an imposed end—we have already a suggestive comment on the grammar of plot, where repetition, taking us back again over the same ground, could have to do with the choice of ends.[8]

La proposition de Peter Brooks à propos de la répétition comme détour est particulièrement apte à notre contexte. Le chemin que suit Alaciel est un chemin battu par elle-même, battu à la différance du but imposé, battu pour les différences qu'il offre.[9] Tergiverser dans l'état encore virtuel de la conjonction finale semble préférable à l'actualisation de cette conjonction. Par implication donc la répétition est valorisée.

De retour au château, le seigneur décide de partir un soir et lègue son droit à un de ses amis. Ce suppléant (T_5) vaque volontiers à ce service à l'insu d'Alaciel. C'est sans mot dire et en pleine obscurité que l'ami met en oeuvre la substitution.

$$T_4 \lor O \qquad T_4 = \text{seigneur du château}$$
$$T_4 = T_5 \qquad O = \text{Alaciel}$$
$$T_5 \land O \qquad T_5 = \text{l'ami du seigneur}$$

Parallèlement, Richard Minutolo dans le conte portant son nom se glisse furtivement dans une chambre noire et "jouit de sa belle." La réussite de cette substitution atteste l'identité des deux opposants autant dans le domaine sexuel que sur la dimension syntaxique. De plus, sur le plan de la manifestation nous avons la récurrence du lexème "proie" présent dans la séquence de T_4 et aussi "lui rendit cet office," termes appliqués à T_2. Mais quand l'ami du seigneur brise le silence contractuel, Alaciel proteste contre ce procédé vexatoire qui la traite comme un jouet. En contestant le droit du seigneur (dont le sens ici consiste à donner au lieu de prendre au contraire du sens courant), elle parvient à mettre en confrontation les deux amis. "Pour se venger" du seigneur, la belle se donne à coeur joie à son ami, renchérissant sur le faire (la performance) conjonctif avec T_5. "L'on se vengea, l'on n'omit rien"—variation sur un thème, confession par la litote.

Quand l'hôte trouve bon de rentrer, il est obligé d'affronter le mécontentement de la belle. Le règlement de compte qui s'ensuit exige une sanction de la part de l'objet. Pourtant, Alaciel se montre généreuse (d'une façon différente de l'honnête *homme* du dix-septième siècle) et rétablit les deux amis sur un pied d'égalité: "Fit entre eux les choses égales." Quel est le sens du mot "entre" ici? Est-ce qu'Alaciel est entre T_4 et T_5 comme l'est la dame des *Deux amis* (notre Chapitre 3), c'est-à-dire au sens figuré de "partagée"? Ou est-elle entre les deux au sens propre comme dans *Joconde* (notre Chapitre 6)? En ce qui concerne le mot "chose," il est sûrement un des lexèmes préférés de La Fontaine,[10] véhicule de la litote, euphémisme et, ainsi que le dit le *Robert*, terme le plus général par lequel on désigne tout ce qui existe et qui est concevable comme un objet unique. C'est son moyen de "dire sans dire"[11] tout ce que vous voudriez entendre. Le principe de l'insatiabilité féminine proposée par John Lapp pourrait nous aider à déchiffrer le vers. Le narrateur insiste également sur les "travaux de l'infante," une reprise du verbe "travailler" (v. 24) qui paraît au niveau de l'énonciation énoncée du prologue. Jouant sur cette unité sémantique on peut considérer le château du seigneur comme un chantier de travail, les travaux dirigés et divisés également de deux côtés: $T_4 \leftarrow O \rightarrow T_5$.

En tout cas, il faut constater que le narrateur assume un rôle essentiel dans ce texte. Le rôle de narrateur est obtenu par la procédure de débrayage opéré continuellement par l'énonciateur. La fonction du narrateur, rendue manifeste par les débrayages et les embrayages fréquents, consiste en partie à attirer notre attention sur la différence camouflée par la répétition des rencontres malencontreuses. Selon A.J. Greimas et J. Courtés, "la différence ne peut être reconnue que sur un fond de ressemblance qui lui sert de support." [12] La différence existe toujours au sein de la répétition. Le narrateur, résultant d'un débrayage actoriel, spatial, et temporel, nous libère provisoirement de l'étreinte de l'énoncé, espace répétitif par excellence.

L'embrayage et l'introduction de l'opposant numéro 6 se fait de la façon suivante: "Ainsi de main en main Alaciel passait." A cet égard, on aurait pu parler de la manipulation effectuée par les sujets performants mais nous réservons ce sujet important pour une discussion au Chapitre 4. Néanmoins, la mainmise des sujets sur l'objet de valeur est une histoire qui continue. Comme dans la série noire, Alaciel arrive sur scène juste au moment où un certain gentilhomme du logis allait mettre la main violemment sur une jeune servante innocente. Venue à la rescousse, Alaciel empêche l'outrage.

$$T_6 \rightarrow (T_6 \wedge O') \qquad T_6 = \text{gentilhomme du logis}$$
$$O \rightarrow (T_6 \vee O') \qquad O' = \text{jeune servante}$$
$$T_6 \wedge O \qquad\qquad O = \text{Alaciel}$$

—Le gentilhomme du logis désire être conjoint avec la servante.

—Alaciel veut que le gentilhomme soit disjoint de la servante (afin de préserver l'innocence de celle-ci).

—Résultat d'un énoncé de faire (tirage au sort désignant 0 de prendre la place de O'): conjonction du gentilhomme avec Alaciel.

$$\text{non } (T_6 \wedge O') \rightarrow (T_6 \wedge O)$$

La négation d'une relation amène l'affirmation d'une autre, ou dans les termes du gentilhomme, "Il faut que l'une ou l'autre passe pour aujourd'hui." Bien qu'elles tirent au sort pour déterminer les deux termes constitutifs de la conjonction, l'histoire dit qu' "il lui donna sa voix." C'est-à-dire que le sort s'est incliné au vouloir d'Alaciel.

Il ne sera pas dit que l'on ait, moi présente,
   Violenté cette innocente.
. . . .
   Ce combat plein de charité
Fut par le sort à la fin terminé;
   L'infante en eut toute la gloire.

Celui-ci est un combat où deux filles sont en concurrence l'une avec l'autre pour le premier prix (ou le sixième plutôt!). Finalement Alaciel emporte "toute la gloire." L'homologation des isotopies religieuse, militaire, et sexuelle présentes dans ces vers permet donc l'équivalence entre "gloire," "absolution," et "jouissance" (Ah! le plaisir du texte!). Une autre intervention du narrateur nous avertit que

   Ce changement de favoris
   Devint à l'infante une peine:
   Elle eut regret d'être l'Hélène
   D'un si grand nombre de Pâris.

Ce message provient du code basé sur le répertoire mythologique. Les batailles amoureuses sans nom ont fatigué la fiancée, signe qu'on s'approche de la fin du récit. On en est à la septième, l'avant-dernière. Le contenu sémantique de ces lignes marque un contraste avec les travaux qui n'étaient jusqu'ici pas trop pénibles. L'emploi du verbe *devenir* signale la transformation de "plaisir" en "peine." Le "si grand nombre de Pâris" est une représentation de la répétition structurale, incluant le caractère indéfini de ces répétitions aussi bien que l'allusion à la mythologie grecque. Le guerre de Troie a été provoquée par l'enlèvement d'Hélène par Pâris; ici, la guerre n'aura pas lieu. La séquence qui suit rappelle encore une fois le roman du Moyen âge avec son chevalier et ses aventures, la belle dame, et le code d'honneur, avec les différences qui la rendent proprement lafontainienne. Il s'agit ici d'un chevalier errant, un "inconnu" venu de nulle part. Il tombe par hasard sur Alaciel endormie; il forme le dessein de prendre un baiser. Alors qu'il s'en retient, se souvenant tout d'un coup des lois de la chevalerie, la fiancée s'éveille. Il lui offre "sa personne et son bras" (avec sa main aussi, par synecdoque) qu'elle accepte. Mais puisqu'un don fait toujours partie d'une structure d'échange qui demande un contre-don, Alaciel se met d'accord sur un contrat convenable. "Cette princesse lui payait,/ Non tout d'un coup, mais à mesure/ Que le voyage se ferait,/ Tant chaque jour, sans nulle faute." En échange d'être raccompagnée chez Zaïr (plutôt que d'aller tout droit à Garbe) elle convient "d'un nombre de faveurs."

$T_7 \rightarrow (T_7 \wedge O)$: désir d'être conjoint

$T_7 \leftrightarrow O$: contrat

$(T_7 \wedge O)^n$: conjonction répétée n fois

$T_7 \rightarrow (O \rightarrow D_1)$

Selon le dernier énoncé, le chevalier fait en sorte que la princesse soit rendue au destinateur. Au lieu de persévérer sur le trajet qui est censé conduire au destinataire (le roi de Garbe), Alaciel opte pour refaire dans le sens contraire le circuit tracé depuis le début. Si cette décision ne rend pas superflu tout ce qui a précédé, elle met en cause tout au moins la justification des faveurs accordées. De nouveau est posée la question de la valeur de la fin (cf. *supra* p. 16, "choice of ends" suggéré par Peter Brooks). L'actant-objet montre un léger glissement du passif à l'actif afin de pouvoir dévier du parcours prescrit et de différer autant que possible l'état final imposé. Au cours de ce déplacement en arrière survient une bande de brigands qui abattent le chevalier. Heureusement celui-ci, en ordonnant à son neveu d'exécuter ce qui reste du contrat, pourvoit quand même à Alaciel. Le neveu du chevalier fonctionne ainsi en tant que huitième et dernier opposant:

$(T_7 \wedge O) \rightarrow (T_7 \vee O) \rightarrow (T_8 \wedge O)$: par substitution.

Le renouvellement du contrat légué au neveu lui permet de profiter, lui aussi, des faveurs de la belle. En d'autres termes, par suite de la désagrégation de la relation $(T_7 \wedge O)$, T_8 se trouve en conjonction avec l'objet de valeur.

Sous peu se termine l'histoire des huit. La dernière des faveurs

> Echut justement sur le *bord*
> De la *frontière*.
> En cet *endroit*, le neveu la quitta,
> Pour ne donner aucun ombrage.

Il y a une rupture nette avant la rentrée dans le pays d'origine. Pour finir, et juste avant de se quitter, Alaciel et son compagnon satisfont à la condition la plus plaisante du contrat. La chose a lieu "sur le bord," à la limite du domaine, ce qui évite à tout prix le chevauchement du royaume et du non-royaume. Ces deux sphères d'action ne peuvent pas exister en concomitance quant aux fonctions de l'objet: l'une appelle forcément la suppression de l'autre. Nous reviendrons à la problématique de la spatialisation du conte.

Pour résumer l'histoire des aventures de la fiancée du roi de Garbe avant son mariage, on peut se référer au Tableau 2.1 (p. 35) qui schématise la distribution actantielle du récit en insistant sur la série d'opposants. Tout en tenant compte de la variété générale représentée par la liste d'opposants, il faut y reconnaître en même temps des régularités. Quoique chaque acteur agisse selon un modus operandi formé à sa guise, le caractère récurrent se met en évidence.

La signification fonctionnelle de ces récurrences—elles marquent l'*intensivité* ou la *totalité* de l'effort—ne faisant pas problème, l'étude comparative des unités récurrentes permet de reconnaître les caractéristiques invariantes et formelles de l'épreuve et de les distinguer des investissements sémantiques et figuratifs variables. Après la réduction de ce genre de récurrences, on se trouve en présence d'une série d'épreuves qui, tout en possédant la forme canonique déjà reconnue, se distinguent l'une de l'autre... par la différence.[13]

Une série d'énoncés canoniques propres à ce récit doit démontrer surtout le mouvement alternatif d'acquisitions et de privations, et au niveau paradigmatique de conjonctions et de disjonctions. L'avancement du syntagme se réalise au fur et à mesure que ces questions pragmatiques sont résolues. Nous proposons donc cet ensemble d'énoncés narratifs pour reproduire approximativement l'unité séquentielle de l'opposant.

(1) $T_n \wedge O$: conjonction
(2) $T_{n+1} \rightarrow (T_n \vee O)$: désir pour la disjonction
(3) $T_{n+1} \leftrightarrow T_n$: confrontation
(4) $T_n \vee O$: disjonction
(5) $T_{n+1} \wedge O$: conjonction

Cet enchaînement se caractérise par un début et une fin construits de la même relation actantielle, nonobstant la différence des acteurs. Ces énoncés ne représentent pas une transcription exacte de toutes les séquences; ils ne sont pas tous présents partout. Néanmoins, ils expriment *grosso modo* les règles du fonctionnement du parcours narratif. Les cinq étapes peuvent être encore réduites à une seule formule canonique simple qui résume le principe de la circulation de l'objet de valeur:

$$T_n \vee O \wedge T_{n+1}$$

Evidemment la multiplication des opposants (sujets performants) produit une prolifération de programmes narratifs qui, à la surface, sont différents mais qui, à un niveau plus profond, sont des répétitions les uns des autres. La série d'énoncés forme un tout qui est réitéré maintes fois.

Ceci dit, il serait intéressant de voir comment cette série est motivée au niveau figuratif. Nous avons indiqué la qualité tantôt passive tantôt active du rôle de l'objet. Voici une explication de la motivation du parcours exprimée par l'objet:

> Mais qu'est-ce qu'un amour sans crainte et sans désir?
> Je vous le demande à vous-même.
> Ce sont des feux bientôt passés
> Que ceux qui ne sont point dans leur cours traversés:
> Il y faut un peu de contrainte.

Un peu plus loin dans le corpus de La Fontaine, comme en confirmation de ce jugement d'Alaciel, le narrateur invoque "le Désir, enfant de la Contrainte" (*Mazet de Lamporechio*). Alaciel s'adresse ici à Hispal (T_1) mais ç'aurait pu être à n'importe lequel des huit. Ou à nous, lecteurs. L'essentiel, c'est l'histoire qu'elle raconte: en amour il y a cause pour s'arrêter ainsi que pour continuer. Le plaisir que l'on y goûte repose sur les risques d'interruption et de suspension, sur le jeu du continu et du discontinu.

Du nom(bre)

Alaciel tombe dans les mains de huit amants avant de retrouver son époux. Pourquoi huit? Il est vrai que *La Fiancée du roi de Garbe* est tiré du *Décaméron* de Boccace—nouvelle sept, deuxième journée—dans lequel la fiancée "vint entre les mains de neuf hommes [son mari inclus], en divers lieux."[14] La Fontaine ne fait alors que suivre son modèle. Pourtant, son prologue nous apprend qu'il n'y est pas entièrement fidèle: "Je me suis écarté de mon original....J'ai suivi mon auteur en deux points seulement." Le narrateur nous fait signe qu'il ne s'agit pas ici d'une simple répétition de la nouvelle de Boccace. La différence et la répétition sont comme les deux doigts de la main. Donc, il aurait pu ne pas adopter cet élément numéral.

Le prologue du conte souligne par quatre répétitions le fait qu'Alaciel aura huit rencontres amoureuses. De ce point de vue, le numéro huit informe l'organisation syntaxique du récit et définit quantativement le parcours génératif. Le numero huit n'a peut-être pas la même importance ici que dans *Le Voyeur* de Robbe-Grillet, par exemple.[15] Plutôt qu'une image géométrique, chez La Fontaine c'est le chiffre en tant que nombre algébrique qui importe: 8n, où n représente le syntagme performatif mené par chacun des favoris. La notion de l'infini suggérée par le huit couché est aussi intéressant pour nous que pour *Le Voyeur*. Bien qu'il n'y ait pas de huit couché graphiquement, les huit d'Alaciel couchent autrement. Huit et infini reviennent au même en ce sens que la récurrence mise en oeuvre finit par dénigrer la quantité pour valoriser la qualité, c'est-à-dire la différence. Chez Boccace, la nouvelle se termine avec cette observation: "elle qui avait couché par aventure *dix mille fois* avec huit hommes se coucha avec [son mari] pour pucelle, & lui fait accroire qu'il était ainsi…" (voir n. 22). Plus d'un est donc équivalent à l'infini.

La répétition n'ajoute aucune quantité de force présente, aucune *intensité*, elle réédite la même impression: elle a pourtant pouvoir de frayage.
Toutes ces différences dans la production de la trace peuvent être réinterprétées comme moments de la différance….La dépense ou la présence menaçantes sont différées à l'aide du frayage ou de la répétition. N'est-ce pas déjà le détour instaurant le rapport du plaisir à la réalité? Car la répétition ne *survient* pas à l'impression première, sa possibilité est déjà là, dans la résistance offerte *la première fois* par les neurones psychiques….On peut encore soutenir que dans la *première fois* du contact entre deux forces, la répétition a commencé.[16]

Qu'Alaciel tente huit, dix, cent, ou un nombre infini d'aventures avant le terme de son voyage, peu importe. Le roi de Garbe ne s'apercevra toujours de rien. Quant au crime associé avec le numéro huit (à part celui du roman de Robbe-Grillet), le crime d'Alaciel, si l'on peut parler ainsi, est celui de la rupture d'un contrat. Une fois l'union conjugale convenue par le père ("l'on accorda la belle"), la fille est en principe déjà liée à son prétendu et, par conséquent, sujette aux conventions du code socio-culturel. Elle est coupable huit fois d'un seul crime.

A propos du concept de Derrida, un des galants (T_4) d'Alaciel explique: "Une nuit…est de même que cent;/ Ce n'est que la première à quoi l'on trouve à dire." Cette constatation met en valeur l'idée de la réédition d'une seule impression qui pose a priori la possibilité de la répétition. Par implication, comme nous venons de le dire, un amant est le même que huit. Mais un autre problème est soulevé par ces vers, à savoir la différence entre le premier et les autres. "L'on trouve à dire" de celui-là et pas des autres. Le premier est donc marqué en quelque sorte à la différence des suivants. Dans le texte il est remarquable qu'uniquement le premier des huit opposants-amants soit nommé (cf. Tableau 2.1). Hispal est le seul *amant* qui ait un nom propre. Non seulement est-il le premier d'une lignée mais il joue au départ le rôle d'adjuvant qui lui est assigné par le destinateur. Ainsi, cet acteur se différencie par son rôle actantiel syncrétique aussi bien que par sa position en tête de procession, pour ainsi dire. Bien entendu, Grifonio figure aussi dans le schéma en tant qu'opposant mais lui ne réussit pas une conjonction amoureuse avec l'objet. Il a néanmoins la fonction syntaxique de différer l'état final du programme narratif de base en dépréciant la modalité du pouvoir de l'objet. Si la griffe est le symbole de la méchanceté, l'acteur Grifonio correspond bien en cela à l'étymologie de son nom.

Evidemment il y a trois autres personnages dotés de noms propres—Zaïr, Alaciel, Mamolin. Ensemble ils représentent les actants nécessaires à la grammaire narrative fondamentale:

$$D_1 \text{ (Zaïr)} \to O \text{ (Alaciel)} \to D_2/S \text{ (Mamolin)}$$
$$A \text{ (Hispal); } T \text{ (Grifonio)}$$

Zaïr destine Alaciel à Mamolin. Ces noms sont bien curieux mais non moins parlants pour cela. Vu que "le nom propre est un signe" et que "c'est en tant que signe qu'il possède un sens," une petite enquête onomastique s'avère pertinente.[17] Mamolin, destinataire de l'objet, ne peut échapper à son nom. D'abord, le sens courant de *mamelon*, mot d'une consonance certaine avec le nom du future mari, est déjà assez expressif. Ensuite le dictionnaire étymologique des noms jette encore de la lumière sur celui-ci: *Mamelle* peut être un matronyme (femme à forte mamelles), mais peut aussi signifier "efféminé," comme *Mamelot*, *Mamelin* (sens de l'ancien français *mamelin*).[18] Ces renseignements dévoilent et éclaircissent sans doute les raisons pour le trajet prolongé d'Alaciel. Si son père l'envoie se marier avec un homme qui possède cet attribut, si Mamolin est un personnage dont la virilité est douteuse, il n'y a rien d'étonnant à ce qu'Alaciel se dévie de son chemin.

> Signe de l'individualité, [le nom propre] ne trouve à la désigner et n'étaie sa réalisation qu'à travers tout un jeu d'oppositions et de contrastes. Cette individualité il ne parvient à la faire surgir qu'en face d'autres, par articulation et différenciation....Le nom pare et se dépare.[19]

Cette notion d'individualité représentée par le nom propre existe dans notre texte par contraste avec la non-individualité de l'anonymat. Mamolin se distingue, pour commencer, en ce qu'il est articulé spécifiquement. Lui n'est pas les autres; son nom le pare. Il n'est pas non plus *comme* les autres. Son nom le dépare simultanément car l'investissement sémantique de l'ornement nominal nuit à son bon effet de différenciation. Le nom *Mamolin* a tout ce qu'il faut pour signifier que la princesse risque d'être déçue dans son mariage. Etant donné les circonstances, la bande des huit peut être considérée comme un "service de dépannage." Les performances respectives des opposants éloignent Alaciel de sa destination et la tirent à la fois d'embarras. Ceci nous donne le joli paradoxe des opposants qui pourvoient à la commodité de l'objet. Le fait de se départir de son premier *devoir* permet à l'objet de respecter son *vouloir*.

Peut-être est-ce justement pour cela qu'Alaciel se laisse dérouter aussi longtemps avant d'en avoir assez. N'oublions pas qu'elle est décrite comme une personne accommodante. "Les plus accommodants, ce sont les plus habiles," nous enseigne La Fontaine dans *Le Héron* (*Fables* VII, iv). La multiplicité de ses aventures en témoigne. Tantôt la princesse fait don d'elle-même simplement en raison de son vouloir (cf. modalités—Tableau 2.1). Tantôt elle acquiesce à qui veut grâce à un devoir imposé *par* elle-même, *pour* elle-même. Ces modalités d'accommodation surdéterminent le faire de ses opposants— sans elles il n'y a pas de conjonctions. Pour réussir en amour, d'après l'énoncé, il faut recourir aux structures modales volitive ou déontique. Grifonio, qui a voulu s'emparer de l'objet de valeur par la modalité du pouvoir, a manqué son coup. Or, la modalité déontique, le devoir, est normalement dite exotaxique puisqu'elle relie des énoncés ayant des sujets distincts. Une fois qu'Alaciel s'impose elle-même son propre devoir elle le rapproche de la modalité endotaxique du vouloir qui relie des sujets en syncrétisme ($D_1 \rightarrow$ devoir $\rightarrow D_2 : D_1 = D_2$).

Qu'est-ce que peut signifier *Alaciel* dans cette histoire? Tout d'abord, c'est une féminisation du "ciel"—Alaciel est "à la ciel," un corps céleste. A partir de là, le nom s'offre à un jeu de mots. A titre d'exemple, elle se trouve toujours au paradis grâce aux amants criant "Plût A la ciel." Le septième ciel, elle y est même au premier. Si leurs âmes ne sont pas montées au ciel, leurs corps sont allés A la ciel. Les opposants aspirent à la béatitude d'A la ciel, sa clémence ne faisant pas défaut. A l'égard du nom d'un autre personnage de La Fontaine, G. Genot observe qu' "A l'égal d'un titre, le nom d'un personnage de premier plan, dans l'esthétique littéraire du temps, désigne un registre, voire un genre: aussi bien les noms sont-ils des indications sommaires de fonctions narratives." [20] Il faut dire qu'Alaciel tout comme le ciel sont des objets que les hommes cherchent à atteindre. Alors qu'elle passe de main en main, eux lèvent les mains A la ciel.

Tous ceux qui n'ont pas de nom restent anonymes et sans identité autre que leur condition socio-économique. Les opposants 2 à 8 sont en effet dénommés au sens propre, c'est-à-dire désignés dans un acte, réduits à l'acte même. Cet acte de conquête fait partie du jeu de la différence d'un point ultérieur—temporisation et espacement créant intervalle et altérité. Les acteurs sans nom s'effacent pour laisser ressortir leur rôle actantiel de modalisateurs, ce qui fait que, à partir des séquences du début de l'énoncé, le plan syntagmatique acquiert une certaine qualité transparente nous permettant de saisir le plan paradigmatique plus près de la surface. La succession d'amants anonymes fait contraste avec un Grifonio différent et par son nom et par sa fonction. Finalement, ceux-là ne sont que des Hispal en récurrence; l'attribution d'un nom propre aurait été superflue et redondante après la première fois. L'oblitération du nom propre revient donc à l'oblitération de la différence. $T_1 = T_2 = T_3$, et ainsi de suite.

Complexion de l'union conjugale

L'histoire des huit terminée, nous revenons à la perspective de la structure totale et à l'état final du programme narratif. Rappelons-nous qu'Alaciel *re*joint son père, c'est-à-dire qu'elle *re*trace le chemin en faisant demi-tour avant de *re*partir à la rencontre de son époux. Après, rythme narratif accéléré: "Quelques jours écoulés,/ La princesse partit pour Garbe en grande escorte." Alaciel arrivée une fois pour toutes à sa destination finale, nous voilà parvenus à la conjonction qui marque l'état final du programme narratif. On peut tracer alors un parcours raccourci tel qu'il se présente en queue du récit:

$$D_1 \wedge O \qquad \text{: répétition de l'état initial}$$
$$D_1 \rightarrow O \rightarrow D_2 \qquad \text{: répétition de la structure de communication}$$
$$S (D_2) \wedge O \qquad \text{: conjonction de l'état final}$$

Etant donné que cette forme écourtée du parcours est finalement très efficace, quelle est la valeur du trajet fait auparavant avec toutes ses péripéties? Du point de vue de l'économie structurale, il n'est guère indispensable à la réalisation de l'état final. Notre dessin approximatif établit une comparaison des deux itinéraires (fig. 2.1).

En essayant toujours de répondre à la question de la valeur des huit séquences précédentes, il faudrait se référer au niveau figuratif de l'énoncé. C'est que la courbe a permis certaines choses que la ligne droite ne permettait pas, ne serait-ce que l'intérêt romanesque. Que les conjonctions, ou l'acte

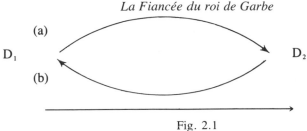

Fig. 2.1

sexuel, répétées tout au long du trajet circulaire font contraste avec l'économie spatio-temporelle et, par implication, avec l'austérité du trajet direct,
c'est le moins qu'on puisse dire. Mais les divers épisodes amoureux qu'a con-
nus Alaciel permettent un sens plus étendu à cette remarque du narrateur: "La
nuit vint; on porta la reine dans son lit. / A son honneur elle en sortit." Ce petit
clin d'oeil au lecteur est signe d'un jeu de l'être et du paraître dans lequel le
roi s'avère aveugle.

Ce jeu continue alors qu'on passe au dernier segment du texte, segment
plus ou moins moralisateur (plutôt moins)[21] situé au niveau de l'énonciation
énoncée (le discours). Cette instance de l'énonciation énoncée (commençant
par "ce conte nous apprend que…") sert d'encadrement, de clôture en symétrie avec l'instance de l'énonciation énoncée à l'ouverture du conte. En guise
de postface, elle représente une espèce de parodie de la terminaison didac-
tique typique des *Fables*. "Et tout savants qu'ils sont, [les maris] ne s'y
connaissent guères." Ceci nous signale qu'il s'agit d'un phénomène assez
courant, celui des époux qui prétendent "voir fort clair en leurs affaires." Evidemment le rapport entre "clair" et "affaires" est limité à l'assonance des
signifiants, car autrement les termes s'opposent. Les mots à souligner dans ce
passage sont *savant, connaître*, et *voir*, tous lexèmes ayant trait à la modalité
du savoir. Mamolin prend sa femme pour pucelle. Il ne voit goutte en ses affaires. On pourrait même aller jusqu'à dire que le roi de Garbe est dénué de
savoir et qu'il est complètement régi par le vouloir aussi bien que le vouloir-
croire: "Elle n'en plut pas moins aux yeux de son fiancé." Il veut bien croire,
dirait-on, que sa reine était toujours pucelle; il ne cherche pas à en savoir davantage. Ces circonstances placent le sujet-destinataire en face du problème
de la véridiction, c'est-à-dire des catégories de l'être et du paraître. L'épouse
portée dans son lit, Mamolin est censé interpréter les données de la situation.
Il est question des marques de la véridiction grâce auxquelles les données s'af-
fichent comme vraies ou fausses, mensongères ou secrètes. Ces marques, in-
tégrées dans un système de communication, deviennent alors un message reçu
par un énonciataire (Mamolin) qui à son tour est appelé à leur attribuer un
statut d'être ou de paraître. Or, l'interprétation véridictoire des signes semble

manquer chez le roi de Garbe. L'activité cognitive requise pour un tel faire interprétatif est soit surpassée, soit remplacée carrément par un faire pragmatique qui s'avère en tous les cas moins problématique. Puisque le savoir-vrai n'est pas mis en cause ici la question de la véridiction ne prend pas l'importance qu'elle a par exemple dans *La Confidente sans le savoir* (Chapitre 4).

Vient tout à la fin cette pseudo-morale: "Il est bon de garder sa fleur;/ Mais, pour l'avoir perdue, il ne se faut pas pendre." Le narrateur, faisant volontiers le casuiste en l'occurrence, réitère l'idée suggérée lors de l'aventure avec Hispal de la fille qui "a perdu ses gants." D'abord, la valeur de la fleur est éphémère. Ensuite, le garant du droit de la cueillir, étant souvent myope, ne s'aperçoit pas qu'elle est déjà fanée. Alaciel a sans aucun doute perdu ses gants dans un autre salon. Mais ces deux derniers vers laissent comprendre la primauté des structures volitives sur les structures déontiques: le devoir n'est proposé que comme souhaitable. Finalement ce conte nous apprend que le devoir est bien bon mais qu'y manquer n'est pas une raison de perdre la tête. Donc, le trajet (a), tout en éloignant Alaciel de sa destination, tout en différant ou niant même son devoir, ne lui coûte rien en fin de compte. Le trajet (b) achevé, le contrat "signé," tout ce qui est du passé n'est bon que pour le conte.

La toute dernière phrase dans la version de Boccace montre également ce caractère d'acquiescement délibéré: "Bouche baisee ne per [*sic*] point sa fortune: ains renouvelle tout ainsi que la Lune." [22] Pour reprendre cette métaphore astronomique, la révolution synodique de la lune—temps qui sépare deux conjonctions consécutives de cette planète avec le soleil—est une période de renouvellement. Non seulement il s'agit d'une répétition en cours, mais d'une sorte de renaissance produite par l'action de régénérer ou de rendre nouveau. De même peut-on voir nos séquences itératives de conjonction (O ∧ T) comme des révolutions synodiques, où à chaque recommencement l'objet se dispose à reprendre au point zéro pour reconstituer le faire en question. Il est entendu, à chaque fois que la reprise est basée sur une *tabula rasa* rendant nul et non avenu tout ce qui a précédé. Le chemin d'Alaciel est témoin de la fréquence et du caractère de ces révolutions. L'espace disjonctif entre les états de conjonction dessine sa route. Par conséquent, la distance que couvre la princesse avec ses huit amants est le seul indice d'accroissement d'impressions, et de différences cachées.

Dans *De la grammatologie* J. Derrida suit justement cette métaphore de la route si pertinente à notre texte:

Il faudrait méditer d'ensemble la possibilité de la route et de la différence comme écriture, l'histoire de l'écriture et l'histoire de la route, de la rupture, de la *via rupta*, de la voie rompue, frayée, *fracta*, de l'espace de réversibilité et de répétition tracé par l'ouverture, l'écart et l'espacement violent de la nature, de la forêt naturelle, sauvage, salvage.[23]

Les ruptures dans la route sont ce que le texte appelle le "changement de favoris," ce que nous appelons le mouvement de conjonction à disjonction, ce que l'on appelle la transition de périodes synodiques. Donc la totalité de la route est une écriture dotée de mémoire et qui saurait parler de la différence sous-jacente à la répétition.

L'idée de renouvellement est spécialement intéressante dans la séquence finale du récit où Alaciel réussit d'une façon presque fantastique à maintenir son honneur de pucelle. Effectivement, Mamolin croit faire les premières inscriptions sur une table rase. On dirait que sa femme s'est renouvelée ainsi que la lune, ne portant pas de traces (au moins à la surface) d'inscriptions antérieures. Le problème de l'être et du paraître soulevé plus haut peut être éclairci grâce à l'analogie du *Wunderblock*, le bloc magique que Derrida emprunte à Freud pour une discussion de répétition et écriture. Là où eux (Derrida et Freud) représentent la structure de l'appareil psychique, nous nous servons du *Wunderblock* pour dépeindre le frayage du passage sexuel. Le mouvement répétitif qui fait partie de l'acte sexuel est évoqué par Brantôme dans *Les Dames galantes* de cette manière: "dentro, fuero, dentro, fuero,… en s'advançant et reculant."[24] Semblable au phénomène neurologique, ce genre de frayage rend le passage de moins en moins résistant. Dans le cas d'Alaciel, la récurrence de ce mouvement répétitif est soulignée tant par la longueur de l'histoire des huit opposants que par l'anticipation du neuvième amant. En quoi consiste-t-il au juste ce *Wunderblock*?

Double système compris dans un seul appareil différencié, innocence toujours offerte et réserve infinie des traces, c'est ce qu'enfin a pu concilier ce "petit instrument" qu'on "a lancé il y a quelque temps sur le marché sous le nom de bloc magique."… Il offre les deux avantages: "une surface d'accueil toujours disponible et des traces durables des inscriptions reçues."[25]

Double système pareillement chez la fiancée du roi de Garbe: innocence offerte sans ambages à son mari et réserve infinie (rappel: $n + 1 \cong \infty$) des traces créées par huit précurseurs. C'est la conciliation des deux couches qui donne l'impression du renouvellement. La surface d'accueil disponible du bloc magique correspondrait à la disposition de la princesse à être accommodante. Cette surface "dont on peut toujours reconstituer la virginité en effaçant l'empreinte, ne conserve donc pas les traces." [26] Les traces durables des inscriptions reçues se situent à un niveau profond et approvisionnent la mémoire. Les deux avantages sont représentés par les deux routes différentes, celle qui serpente au profit de la différance s'effaçant finalement devant l'autre revêtue d'une rectitude frappante.

Pourtant, même au cours du premier chemin la conjonction dépend entièrement pour se répéter de la disjonction subséquente. Comme dans tout binarisme la coexistence des termes est absolument nécessaire pour qu'il y ait du sens. Les méandres du premier itinéraire s'établissent en rapport avec la droiture conformiste du second.

> Les traces ne produisent donc l'espace de leur inscription qu'en se donnant la période de leur effacement. Dès l'origine, dans le "présent" de leur première impression, elles sont constituées par la double force de répétition et d'effacement, de lisibilité et d'illisibilité.... espacement, différance et effacement originaires de l'origine simple, polémique dès le seuil de ce qu'on s'obstine à appeler la perception. [27]

L'espace entier de la couche profonde sur laquelle se conserve l'ensemble des traces, ce site sous-jacent à la surface vierge, c'est cet endroit qui recèle le sens de l'écriture continuellement en voie de production. L'effacement des inscriptions qui a lieu juste avant l'état final de notre programme narratif met en valeur l'illisibilité des traces à la fin. Cette soi-disant disparition des traces crée une sorte de clôture équivoque car nous sommes conscients de la fausse virginité de la surface comme de l'accumulation d'inscriptions qui ne peuvent plus remonter. L'écriture, la totalité des signes, ne se présente plus à la vue, mais elle est camouflée et apte à se reproduire. La finalité du programme narratif n'empêche pas la continuation du frayage mû par le principe interne de la répétition.

Si l'on considère "l'écriture comme technique au service de la mémoire, technique extérieure,... l'écrit sera plus facilement représenté comme une pièce extraite et 'matérialisée' de cet appareil." [28] Ainsi, la fiancée en se rejoignant avec le roi de Garbe fait justement cela: "Alaciel conta tout ce qu'elle voulut." Bien entendu, ce qu'elle conte n'est qu'un extrait du texte intégral matérialisé selon son vouloir et au service de sa mémoire. Etant donné la situation, il n'est guère besoin de reproduire l'écrit entier. Alaciel possède, comme l'ardoise du *Wunderblock*, l'écriture du début jusqu'à la fin avec la capacité de l'extérioriser, ce dont le bloc magique est incapable. Elle édite et fait paraître ce qui lui est utile et lui plaît.

Du pays et le non-

Au début de nos remarques sur *La Fiancée du roi de Garbe* nous avons signalé l'opposition entre le sujet et l'objet sur l'isotopie géographique. La transformation qui s'effectue avant l'actualisation de l'état final a exigé un déplacement spatial considérable. Plus précisément, Alaciel part de la cour d'Alexandrie, port d'Egypte qui a été le centre artistique et littéraire de l'Orient: "Il fallut se résoudre à partir de ces lieux" car Alaciel va se marier avec le roi du pays de Garbe. Le mot *Garbe* signifie, en arabe, occident et on donnait ce nom à la région la plus occidentale de la partie de l'Afrique conquise par les Arabes. Mais il est probable qu'ici le mot s'applique à quelque roi maure d'Espagne ou de Portugal, c'est-à-dire de la contrée la plus occidentale de la péninsule hispanique qui du VIIIe au XIIIe siècle appartenait aux Arabes.[29] Donc la proposition du mariage se présente comme une conjonction virtuelle de l'orient et de l'occident, de deux lieux disjoints par un grand espace indéfini. L'organisation spatiale du récit sert de cadre pour l'enchaînement du programme narratif de base. Il s'agit en effet d'une mise en narrativité de l'espace. A partir de cette notion de spatialisation, il faut lire et chercher le sens à travers l'espace, découper en zones l'ensemble spatial. Nous en examinons les deux dimensions qui sont le signifiant spatial et le signifié culturel.

Au premier abord, nous pouvons considérer la circulation de l'objet de valeur, principe capital pour le fonctionnement de ce texte, en termes topologiques. Le transfert continuel de l'objet d'un sujet performant à un autre (i.e., T_1, T_2...) trace effectivement une circulation spatiale au niveau figuratif de l'énoncé. Nous nous référons de nouveau au dessin des itinéraires (p. 27). "Chaque pas fait en avant sur l'axe syntagmatique correspond à (et se définit par) un déplacement topologique sur l'axe paradigmatique."[30] C'est-à-dire à chaque changement d'amant correspond un changement de lieu. Ce parcours circulaire, où l'objet s'aventure dans un espace plutôt inconnu, voire dangereux, fait contraste avec le deuxième itinéraire qui prendrait bien le surnom de "l'Occident Express"! Le premier découvre tout ce qui se situe entre Alexandrie et le pays de Garbe; en revanche, le deuxième le nie pratiquement.

En ce qui concerne la dimension culturelle, repensons maintenant les relations topologiques proposées. Le principe de la structure polémique du discours narratif se manifeste très nettement si on relie Alexandrie et Garbe, les deux points extrêmes du parcours, afin de pouvoir les différencier de l'étendue qui les sépare. Le pays du destinateur et celui du destinataire ont des propriétés communes et s'identifient parce qu'ils sont des *royaumes* à proprement parler, des états gouvernés par un roi. L'étymologie du mot "royaume" souligne l'aspect de la soumission à un régime: lat. *regimen* "direction, gouvernement" croisé avec *royal.* Le *non-royaume* serait par opposition tout ce qui se situe entre ces deux lieux, ce qui est au-delà des limites de ce gouvernement, et par conséquent en dehors de sa juridiction. Cette articulation de l'espace diégétique met en valeur le fait "qu'un lieu quelconque ne peut être saisi qu'en le fixant par rapport à un lieu autre, qu'il ne se définit que par ce qu'il n'est pas." Par ailleurs, l'espace construit comme forme sémiotique "[cherche] à fonder des discontinuités en signification."[31] Cette idée s'applique parfaitement à notre discussion (*supra*, p. 12) à propos du déplacement de rocher en rocher. A partir de cette perspective, on peut établir un système d'oppositions recouvertes par la structure binaire dont voici une ébauche:

Royaume	*Non-royaume*
dedans	dehors
statut social reconnu	statut inconnu
siège politique	manque de régime
symbole du bien-être	symbole du danger & de l'infortune
le bien	le mal
résidence du statu quo	lieu d'aventures
lieu du mariage	lieu du non-mariage

Cette conception de l'espace signifiant s'organise autour de plusieurs catégories sémiques désignant les isotopies sociale, politique, et morale. L'espace ainsi instauré peut dorénavant signifier autre chose que lui-même, et s'érige en un langage spatial.

Les deux *topoi* polysémiques, royaume et non-royaume, sont bien délimités dans l'énoncé. Alaciel appartient de par sa naissance au domaine du royaume; elle est princesse et doit, selon le code social, se lier avec un personnage royal. Les autres acteurs qu'elle rencontre au fil du récit sont, au niveau paradigmatique, des actants propres au non-royaume. La mer et le vaste terrain anonymes se posent alors en tant que signes topologiques investis de valeurs sémantiques. Egalement, la définition de *topos* comme "portion discrète de l'espace susceptible de jouer un rôle actantiel"—définition appropriée à "l'analyse sémiotique du monde naturel"[32]—nous permet de considérer cette topographie comme anti-destinateur en ce qu'elle fait obstacle à l'actualisation de l'état final du programme. Les concepts de la frontière et du franchissement de la frontière sont suggérés tout au début par le vers déjà cité: "Il fallut se résoudre à partir de ces lieux." Les préparatifs indispensables pour entreprendre le voyage à Garbe, surtout l'attention faite à l'escorte, indiquent le caractère aléatoire de tout ce qui se trouve de l'autre côté des bords d'Alexandrie. Le maître du royaume de départ délivre à la fiancée le pouvoir estimé comme adéquat au déplacement géographique. (Le lieu du pouvoir politique est également celui qui émet le pouvoir modal.) Et, c'est en traversant le non-royaume que le pouvoir en tant que modalité sera miné. Plus on s'éloigne d'Alexandrie, plus l'efficacité de la valeur modale est diminuée. L'homonymie des mots joue ainsi pour mettre en relief la parité de leurs signifiés, car finalement tout pouvoir réside dans le royaume.

La localisation spatiale est donc significative et détermine l'axiologie de tout élément narratif du texte. La conjonction avec un topos obtient soit la valeur euphorique, soit la valeur dysphorique selon le cas.

(+) royaume   *vs.*   non-royaume (−)

Cette structure binaire représente une seule relation simple, la structure élémentaire de la signification. Ainsi formulée, elle peut être considérée comme un modèle d'organisation de la signification et comme un lieu d'investissement des contenus. Etant donné le réseau relationnel généré par ce couple binaire (suggéré à la p. 32), nous pouvons y reconnaître des valeurs les unes par rapport aux autres. Tout en fondant la différence entre les valeurs par la disjonction des termes royaume/non-royaume, la structure élémentaire de la signification repose également sur la ressemblance et la conjonction des mêmes termes dans la catégorie sémique. Par ailleurs, la relation inclut les définitions de l'axe syntagmatique (contiguïté) et de l'axe paradigmatique (sélection; substitution). En cela, elle réunit "les conditions minimales de la saisie et/ou de la production de la signification." [33]

Notons que dans le schéma narratif il s'agit d'un programme de faire particulier qui est organisé autour de cette structure relationnelle. Une homologation est possible entre la dimension spatiale sociolectale et la dimension idiolectale dans laquelle s'institue le faire en question. Ceci nous permettrait d'examiner une activité sémiotique dans le cadre d'un espace signifiant. Un tracé sur le plan syntagmatique du point de départ jusqu'à l'état final doit attribuer à l'action une certaine série de valeurs; le tracé sur le plan paradigmatique présenterait un schéma différent:

+ et − et + et +   : syntagmatique
+ ou −   : paradigmatique

La valeur euphorique correspondrait, selon l'axiologie du texte, au faire/mariage, et la valeur dysphorique au ne pas faire/non-mariage. Il est certain que l'espace joue sur la forme de l'action et lui confère un sens. Puisque la nature intermittente de la modalité du pouvoir rend la voie vers le mariage assez peu sûre, la série de catégories thymiques suivant le syntagme est hétérogène. Vu la disjonction géographique innée au texte, le parcours d'un royaume à un deuxième royaume est obligé de traverser le non-royaume qui, en l'occurrence, sert de cadre pour un faire autre que le mariage. Après le retour au père-destinateur, Alaciel repart et refait le chemin sans s'arrêter dans le domaine de valeur négative. Sur le plan paradigmatique, tant que l'objet traîne dans le non-royaume et que le faire/mariage n'est toujours pas accompli, on verra la domination du côté dysphorique. Il y a un choix pourtant. Le choix consiste à: soit courir à un but qui est valorisé positivement par le texte, soit prendre son temps dans un espace plaisant mais valorisé négativement. Le destinateur veut qu'Alaciel s'unisse avec le destinataire pour retrouver un domaine connu et semblable surtout à celui du départ.

On peut conclure que la récurrence de l'unité syntaxique qu'est la circulation de l'objet de valeur s'avère une force dysphorique: tout en fournissant la matière vitale du conte, elle contrecarre le sens du programme narratif. Puisque le texte est construit sur un fondement axiologique sociolectal, la valeur euphorique de l'acte répété supposée pour l'objet est inversée. Ces variations sur un thème nous distraient et nous déroutent ainsi que notre gaillarde Alaciel. Le problème essentiel quant au fonctionnement du texte est celui de retrouver le même avec un minimum de différance. La ressemblance structurale d'Alexandrie et de Garbe, de D_1 et de D_2, nous invite à les penser en tant qu'identité déguisée.[34] La différence ici se trouve carrément en l'autre, au non-royaume, car il représente une différence interne, de concept. D_1 et D_2 ne diffèrent que statiquement, extérieurement, l'un se constituant en un masque de l'autre. La transformation du célibat en mariage ne doit pas se concevoir comme opposition réelle mais comme différence sans concept, et en ce sens "différence indifférente." Paradoxalement, c'est l'histoire des huit qui est profondément différente puisqu'elle s'érige en rupture de la conformité légale. "La répétition appartient à l'humour et à l'ironie; elle est par nature transgression, exception, manifestant toujours une singularité contre les particuliers soumis à la loi, un universel contre les généralités qui font loi."[35] La résurgence du côté idiolectal durant le déroulement du programme viole les lois culturelles qui engendrent le texte. C'est en tant que transgression que cette répétition formelle se transforme en différence, et que les deux instances topologiques s'unissent investies de pouvoir et de valeurs positives pour jaillir en monuments du même aux deux bouts de la terre.

Tableau 2.1. Distribution actantielle

	Nom	Identification	Modalité d'accommodation
T*	Grifonio	le gigantesque	
T_1 (A_1)	Hispal	jeune seigneur	vouloir (par amour)
T_2 (A_2)	—	chef de l'escorte	devoir (par pitié d'autrui)
T_3	—	lieutenant de Grifonio	devoir (par pitié d'elle-même)
T_4	—	seigneur du château	vouloir (par ivresse)
T_5	—	ami du seigneur	devoir (par mégarde)
T_6	—	gentilhomme du logis	devoir (par charité)
T_7	—	chevalier errant	vouloir (par persuasion)
T_8	—	neveu du chevalier	devoir (par contrat)

D_1 = Zaïr, sultan d'Alexandrie, et père d'Alaciel
D_2/S = Mamolin, roi de Garbe
O = Alaciel, la fiancée
*Grifonio ne figure pas parmi les huit, n'étant pas classé "opposant-amant" comme les autres.

3. *Conte tiré d'Athénée* (Les Deux amis)

la sémiotique poétique

Conte tiré d'Athénée (Les Deux amis)

1 Axiochus avec Alcibiades,
2 Jeunes, bien faits, galants, et vigoureux,
3 Par bon accord, comme grands camarades,
4 En même nid furent pondre tous deux.
5 Qu'arrive-t-il? l'un de ces amoureux
6 Tant bien exploite autour de la donzelle,
7 Qu'il en naquit une fille si belle
8 Qu'ils s'en vantaient tous deux également.
9 Le temps venu que cet objet charmant
10 Put pratiquer les leçons de sa mère,
11 Chacun des deux en voulut être amant;
12 Plus n'en voulut l'un ni l'autre être père.
13 "Frère, dit l'un, ah! vous ne sauriez faire
14 Que cet enfant ne soit vous tout craché.
15 —Parbieu, dit l'autre, il est à vous compère:
16 Je prends sur moi le hasard du péché."

Préliminaires

Consacrer un chapitre, un seul chapitre, à la sémiotique poétique dans un ouvrage qui a pour but d'étudier les *Contes et nouvelles en vers* de La Fontaine est d'emblée problématique. D'abord il suffit d'avoir les yeux ouverts et l'oreille quelque peu tendue pour s'apercevoir d'une infiltration courante du mot "poétique" un peu partout dans la critique littéraire, même si la notion existe depuis Aristote. Le sens du terme varie considérablement: pris dans son sens le plus large, c'est la théorie de la littérature ou les principes de la production littéraire; au sens plus restreint, elle se concentre sur la poésie ou les traits particuliers des procédés créateurs d'un seul auteur. R. Jakobson conçoit le terme d'une façon qui embrasse une multiplicité de relations linguistiques et textuelles: "poetics... may be defined as that part of linguistics which treats the poetic function in its relationship to the other functions of language." T. Todorov soutient le jugement que la poétique "sera constituée par les 'procédés' littéraires: c'est-à-dire par des concepts qui décrivent le fonctionnement du discours littéraire." Et finalement, B. Hrushovski caractérise "poetics [as] the systematic science of literature."[1] Ainsi, à l'heure actuelle, ce qui est classé sous la rubrique "littéraire" est de plus en plus désigné comme poétique.

Quant au choix du *Conte tiré d'Athénée* pour une étude de la poétique de notre auteur, il n'implique en aucune manière que celui-ci s'oppose aux autres contes du corpus. La dichotomie entre la prose et la poésie est tout à fait inutile ici car la ligne de démarcation est pratiquement imperceptible. Ne serait-ce pas enfoncer une porte ouverte de dire que les *Contes et nouvelles en vers* sont tous poétiques, même s'ils ne sont pas des "poèmes" à proprement parler? Nous ne serons pas la première à confondre les deux catégories apprises par Monsieur Jourdain: vers et prose, prose et vers, leur exclusion réciproque n'est point évidente. Nous adresser à des phénomènes littéraires plus ou moins prosaïques et plus ou moins poétiques nous paraît une optique beaucoup plus raisonnable. Cette explication fournie par M. Riffaterre s'avère tout à fait pertinente dans les circonstances: "The text becomes a poem only because the margins set it apart and define it as an object of contemplation, regardless of its meaning." Appelons-le non pas un petit poème en prose mais de la prose en vers, comme l'indique le titre du corpus, tableau grec sinon parisien. Ce conte en vers est tout de même analogue au poème en prose en ce que, comme celui-là, "its generator contains the seeds of a contradiction in terms."[2] Les germes de la contradiction sont, ainsi qu'on le verra, latents dans sa présence formelle et sous-tendent même le mécanisme vital du récit.

Si nous considérons le *Conte tiré d'Athénée* dans son statut d'objet poétique, ce n'est certes pas à cause d'un contenu exceptionnellement métaphorique ou sensoriel, mais plutôt grâce à sa forme et à une versification qui s'identifient avec un mode classique. Graphiquement ce texte lafontainien est très régulier; ses vers décasyllabiques, dont il y a seulement seize, sont d'autant plus susceptibles d'être saisis "poétiquement." Compte tenu de cette brièveté, le texte se pare de toute une gamme de facteurs associés par convention à ce genre. Par ailleurs, le jeu de la conjugaison des articulations signifiant/signifié, ou en d'autres termes, la corrélation du plan de l'expression et du plan du contenu, se révèle spécialement saillant ici; l'importance de cette corrélation définit la spécificité de la poétique. Ce texte se laisse facilement découper en unités symétriques et similaires. Ceci nous permettra de l'analyser d'une façon peut-être plus exhaustive que les autres textes choisis dans ces pages, et de goûter avec un peu de délectation ce specimen de la poéticité de notre auteur.

Notre tâche est donc double: la lecture de l'objet poétique consiste à décrire les plans de l'expression et du contenu, et à démontrer l'articulation du sens par leur corrélation. En nous arrêtant sur les divers paliers hiérarchiques du discours, nous nous efforcerons de rendre compte de la production de signification surtout par le moyen de la différence qui se détache progressivement d'un tissu d'itérativité. Une focalisation sur le rôle syntaxique de l'actant sujet-duel nous permettra de saisir à tous les niveaux du texte les retentissements de son principe de couplage.

Découpage du texte

Le *Conte tiré d'Athénée* a beau ne pas être d'une forme fixe poétique. S'il a deux vers de plus qu'un sonnet, il se revêt d'une forme qui possède quand même sa propre perfection. Structuré en quatre séquences—v. 1 à 4, 5 à 8, 9 à 12, 13 à 16—il s'agit pour ainsi dire d'un carré ($4^2 = 16$). Ce découpage narratif du texte montre l'unité poétique composée de quatre quatrains. "La division du texte en parties, nous rappelle A. J. Greimas, n'est pas une simple segmentation syntagmatique, c'est aussi une première projection sur le texte d'un ordre systématique et hiérarchique."[3] Ensuite les découpages fondés sur d'autres critères que le parcours narratif (e.g., prosodie et sémantisme) révéleront en même temps des segmentations différentes, mais également constitutives de l'ossature du poème. L'ensemble de ces structurations (fig. 3.1) contribue au décodage du texte vu en tant que signe complexe.

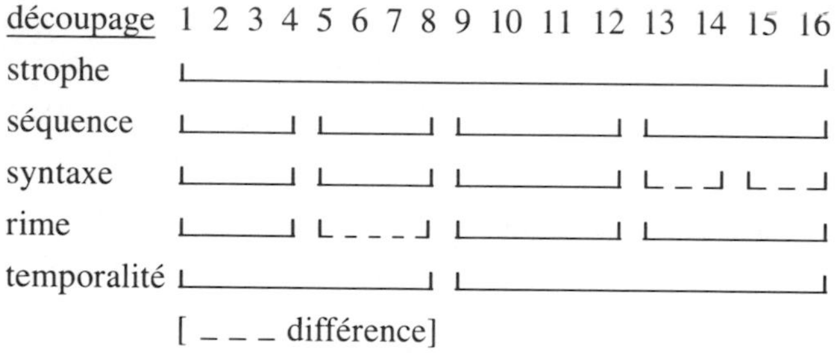

Fig. 3.1

Nous procédons à la description de ces composantes par l'analyse séquentielle du conte. Le déroulement syntagmatique de l'ensemble peut être défini par un faire sexuel de deux acteurs (Axiochus et Alcibiades) qui partagent, par accord préalable, un seul objet de désir ("donzelle"); ce faire duratif caractérisé par l'itérativité exige cependant une modification statutaire lorsque l'accouplement des acteurs donne naissance à une reproduction biologique, dont le rejeton devient également objet de désir à son tour. Ce langage quasi légal veut dire que les deux amants se trouvent dans la situation incommodante de ne pas savoir lequel est le père d'une belle fille avec qui ils aimeraient "faire catleya" sans se plonger pour autant dans l'ombre d'une société anti-inceste.

Séquence 1 (v. 1 à 4)

La première séquence (v. 1 à 4) présente sur-le-champ deux acteurs qualifiés par une suite d'énoncés d'état, une description de la relation entre eux, et la constatation de leur faire commun. Dès le premier vers, les deux acteurs sont conjoints grammaticalement ("avec") et se dessinent en couple indépendant, mis en évidence par sa position graphique prédominante, et détaché en quelque sorte du corps du poème. Le couple se constitue dorénavant en actant sujet-duel. La première lettre de l'alphabet signale le début de chaque mot dans le premier vers, et les deux noms propres, à part le grand A en commun, ont chacun quatre syllabes. Axiochus et Alcibiades sont ainsi mis sur un pied d'égalité mais ceci prépare surtout un texte qui fonctionne dans une grande mesure sur une base de quatre. Aussi, le premier vers marque-t-il l'instauration de l'isotopie principale de couplage qui réunit des composantes différentes dispersées à plusieurs niveaux du texte. Le concept d'isotopie, "conçue comme un faisceau redondant de catégories sémiques,"[4] renforce la cohérence du texte par son itérativité sémantique inhérente. Nous entendons par couplage le fait et le résultat d'assembler deux à deux. La provenance latine du verbe "coupler" (*copulare*) souligne le sens fondamental de réunir,[5] et évoque toute la gamme de connotations sexuelles.

La structure quadripartite du deuxième vers est une construction de qualifications du sujet-duel. Leur forte valeur euphorique est présupposée par l'activité d'accouplement dont il est question dans cette séquence, et on dirait même que ces valeurs constituent la compétence modale du sujet. Les attributs donnés relèvent de diverses catégories sémiques, à savoir âge, aspect physique, éducation, et constitution. Notons qu'il y a *quatre* attributs isolés syntaxiquement par des virgules disjonctives qui leur confèrent une importance égale et collective. Ensuite, les deux phrases adverbiales "par bon accord" et "comme grands camarades" (v. 3) fournissent des particularités sur la relation actorielle entre les parties constituantes du sujet-duel (Axiochus et Alcibiades). C'est qu'il existe un contrat entre les deux amis, contrat interne à l'instance du sujet et qui surdétermine le faire inter-actantiel (i.e., vis-à-vis de l'objet).

Enfin au quatrième vers apparaît le verbe qui fait de ce quatrain une structure phrastique. Au lieu d'une grossièreté trop facile, nous avons la métaphore qui envoie deux oiseaux se nicher chez un troisième—véritable lieu commun, au sens propre. Le nid d'oiseau, qui nous surprend par sa rime avec le mot ordinaire qu'il remplace (lit), sera un abri ambigu car "pondre" signifie littéralement se délivrer de ses oeufs.[6] Ceci peut se traduire dans les termes d'un programme narratif où le sujet fait en sorte qu'il soit conjoint avec l'objet de désir.

$$PN = S \rightarrow (S \wedge O) \qquad S = \text{Axiochus ou Alcibiades}$$
$$O = \text{donzelle}$$

En tout cas, l'esprit de partage amiable ressemble jusqu'ici à une autre paire d'amis chez La Fontaine:

> Deux vrais amis vivaient au Monomotapa:
> L'un ne possédait rien qui n'appartînt à l'autre.
> . . . .
>   que t'en semble, lecteur?
> Cette difficulté vaut bien qu'on la propose.
>
>   ("Les Deux amis," *Fables* VIII, xi)

Le lecteur qui se demande de quelle difficulté il s'agirait dans le contexte de notre conte aura bientôt sa curiosité apaisée. Etant donné l'unicité des énoncés d'état décrivant les deux acteurs du sujet-duel, il est logique de n'avoir qu'un seul énoncé de faire pour évoquer leur fonction identique ("pondre").[7] La séquence se termine par un qualificatif récurrent, "tous deux," qui renforce l'isotopie centrale aux niveaux actantiel, performatif, et lexémique.

    Les résonances de l'image du double se font déjà sentir profondément dans ces vers. Depuis l'installation de l'actant duel annoncée par la contiguïté grammaticale, l'identité des adjectifs qualifiants, et le vouloir commun des deux acteurs, notre texte prend les mêmes contours que celui de Maupassant ayant le même titre (*Les Deux amis*) et analysé par Greimas. Le fonctionnement de l'actant sujet est semblable: "deux programmes de faire parallèles, dominés par le vouloir identique des deux sujets," se déroulent sur l'isotopie figurative sexuelle.[8] L'amitié affirmée, tous deux participent à la même activité sexuelle et partagent le même objet de désir, ce qui produit une coexistence et une cohésion de relations actorielles et actantielles. Le principe de couplage est donc associé à de multiples conjonctions.

Séquence 2 (v. 5 à 8)

La brusque interrogation (v. 5) opère tout de suite une coupure entre la deuxième et la première séquence en brisant le rythme coulant, et en y introduisant un nouvel élément important—ce qui "arrive." Ce quatrain se caractérise au niveau du signfiant par la répétition de "que" en tête de trois sur quatre vers, accompagnée de la liaison du phonème "il" (deux fois par élision). L'effet de l'anaphore sert à relier les vers de cette séquence dans une unité plus classiquement poétique que celle permise par ses deux enjambements. De fait, l'organisation phrastique est plus complexe que la précédente. La très courte phrase interrogative du vers 5 est suivie d'abord d'une proposition indépendante et ensuite de deux autres propositions subordonnées. La hiérarchie grammaticale, nécessitée par les expressions "tant que" et "si belle que," marquent une action et une qualité qui deviennent les causes de certains effets. Cet enchâssement phrastique est un reflet au niveau de la manifestation de l'objet enchâssé, c'est-à-dire de l'enfant qui prend forme dans la matrice de sa mère. Arrive enfin ce deuxième objet résultant d'une grossesse comme de l'acte de reproduction.

Sur le plan narratif, une disjonction devient de plus en plus apparente. Représentée en premier lieu par le verbe "arriver," une transformation s'annonce avec une disjonction temporelle implicite. La belle fille qui naît du lit communal est l'oeuvre soit d'Axiochus, soit d'Alcibiades mais l'attribution de parenté ne les préoccupe pas à cette conjoncture. Et pour le moment ce nouvel élément n'altère pas l'équilibre établi dans les relations sémiotiques. On peut considérer l'enfant comme le résultat d'une performance du sujet, et dont le sujet célèbre objectivement les mérites ("ils s'en vantaient"—v. 8). Il y a eu un dédoublement de l'objet du programme narratif, ce qui donne une mère et une fille—répétition par procréation. Mais cette transformation aura des répercussions. L'introduction de l'article indéfini "un" (v. 5) pour la première fois dans ce récit qui est si porté vers *deux* signale une fissure dans l'unité du couple d'amis. Peut-être n'est-elle pas encore une rupture très profonde puisque, avec les lexèmes "ils" et "également" (v. 8), l'isotopie du couple réapparaît tout aussitôt.

La récurrence de "tous deux" dans ce contexte réunit les deux premières séquences et suggère la permanence de l'actant duel. Or, c'est justement grâce à ce fond de ressemblance que la différence devient visible. "On voit apparaître ici ce qu'on peut appeler la *fonction démarcative* de la récurrence: elle valorise et affiche le fragment phrastique réitéré; sans elle, il resterait un bout de phrase quelconque, ne possédant aucun rôle organisateur du texte."[9] Cette récurrence met en opposition les verbes "pondre" et "se vanter" qui se situent dans le dernier vers de leur séquence respective (v. 4, 8). L'un décrit un faire somatique, l'autre un faire verbal. Le premier "tous deux" attire l'attention sur l'acte sexuel lui-même à titre d'exemple de l'accord constitué entre les deux amis; le second est plus équivoque: les deux se vantent également—réaffirmation de l'actant duel—mais d'un événement (ce qui arrive) qui ne peut être causé que par *l'un* des deux acteurs. Donc, la disjonction grammaticale au début de la deuxième séquence se présente comme une manifestation matérielle de la différence produite par le faire d'un des deux amis, cette différence étant antithétique et contradictoire au contrat explicité dans la première séquence. Remarquons qu'à ce stade "l'un" reste coprésent avec "tous deux," mais que ceci prépare subtilement les conditions nécessaires à la désagrégation du sujet-duel.

Séquence 3 (v. 9 à 12)

Le temps passe. La beauté de la fille se transforme en charme(s). Et l'enfant sous la tutelle de sa mère, commence à faire (on le suppose) son apprentissage. L'objet-duel double maintenant le sujet-duel ainsi illustrant le principe de couplage au point narratif symétrique. La périphrase ("pratiquer les leçons"—v. 10) qui, selon Kibédi Varga, "tend à enlever au réel sa crudité et sa cruauté immédiates" n'est pas sans un goût précieux. "N'oublions pas qu'en tant que phénomène historique déterminé, la préciosité du XVIIe siècle fut avant tout une attitude morale qui réclamait de la noblesse et de la subtilité." [10] Par le moyen de telles leçons, il a été dit que l'esprit vient aux filles: "Toujours l'esprit s'insinue et s'avance,/ Tant et si bien qu'il arrive à bon port." Bien entendu, la compétence de la fille dépendra des "dimensions de l'esprit du beau *père*" (*Comment l'esprit vient aux filles*—nous soulignons le double sens du mot). Il est évident que la mise en pratique de ces leçons peut s'effectuer dans le cadre d'un ménage à quatre, notamment avec les "conjoints" de la mère. Procédure d'enfilage.

Pourtant, le vouloir du sujet est capital justement parce qu'il n'est plus le même depuis la disjonction temporelle ("le temps venu") indiquée au vers 9. Une analyse approfondie des vers 11 et 12 fera ressortir certaines contradictions et oppositions par contraste avec des parallèles et des répétitions.

/Chacun des deux/ *en voulut* (être amant);
Plus n'*en voulut*/ l'un ni l'autre/ (être père).

D'abord, la récurrence du fragment verbal "en voulut" sert de base aux structures environnantes et agit en tant que copule, liant le sujet linguistique à l'attribut virtuel. Une fois les questions qui? et quoi? posées, il suffit d'établir le parallélisme des fragments pour s'apercevoir de toutes les différences. La modalité du vouloir reste intacte mais, comme l'indique le "plus," il y a eu une discontinuité temporelle signifiante. C'est dire que la cessation d'*un* vouloir (être père) donne lieu à un *autre* vouloir (être amant). Il est intéressant de noter à cet égard qu'au début du texte, Axiochus et Alcibiades sont sujets d'un verbe actif (pondre), sujets de faire. Ici, en revanche, leur vouloir s'oriente vers un état d'être (père ou amant), signalant qu'ils sont devenus des sujets d'états virtuels (vouloir être). Selon la théorie encore naissante de la sémiotique des passions, une première action de faire a engendré l'état passionnel présent—un vouloir être euphorique—comme produit de la performance. Le déplacement de la focalisation du faire à l'être, relevant de l'opposition action/passion, explique en partie la passivité de l'actant sujet jusqu'à la fin du texte. L'altérité du vouloir s'érige ainsi en pierre d'achoppement quant au faire du sujet. Ceux qui diront qu' "être amant" est équivalent à "aimer" ou à "faire l'amour" auraient raison si c'était une simple question de sémantique. Seulement, la forme est signifiante de même que la position en fin de vers parallèle à "être père," qui n'a pas d'équivalent en verbe actif. Du reste, le fait d'*être* père—et chaque actant sujet doit forcément admettre la compétence de l'être—les privera dans les confins du conte d'*être* amant, de *faire* l'amour.

Ce problème de l'état paternel fait appel à une deuxième isotopie, la parenté, suggérée par les lexèmes "père," "mère," "fille," et qui aura des résonances dans la suite du parcours narratif. La constitution de cette nouvelle isotopic nous déplace du plan idiolectal où fonctionne la sexualité pour nous diriger vers le plan sociolectal pour examiner les relations de parenté. L'opposition binaire de nature vs. culture décrit le fond du conflit auquel Axiochus et Alcibiades doivent parer: désir d'une belle fille et peur de l'inceste.

> L'existence modale [d'un sujet] donne lieu à des conflits de valeur, à des interrogations cognitives et fiduciaires sur la valeur comparative des valeurs. Etant donné qu'il se trouve inscrit à tout moment dans un univers de valeurs d'inégale valeur et subit des tensions d'inégale importance, il est impossible de parler de sujets neutres, d'états indifférents... On dira plutôt que les sujets d'état sont par définition des *sujets inquiets* et les sujets de faire, des sujets *velléitaires*.[11]

Non seulement nos "sujets inquiets" sont obligés de repenser leurs relations avec l'univers extérieur, mais la conjonction à l'intérieur de l'instance du sujet est encore en train de se remuer. Pour revenir aux deux vers ci-dessus, il faut maintenant tenir compte du changement dans le portrait du couple. Le "tous deux" d'auparavant devient d'abord "chacun des deux" (v. 11) et ensuite "l'un ni l'autre" (v. 12), lente progression montrant enfin la fragilité du lien conjonctif. Au vers 11, le couple est dépeint en tant que groupement de deux entités ("chacun") gardant tout de même l'enveloppe d'unification grammaticale. Les deux composantes du sujet-duel passent subséquemment à l'état de nette différenciation, caractérisée par "l'un" et "l'autre." Encore une fois, la syntaxe les réunit en couple ("l'un ni l'autre"), aussi ténus que soient les liens, chacun recevant une désignation quoiqu'impersonnelle. Malgré la construction du négatif qui donne l'impression illusoire de les disjoindre, le "ni" agit en fait comme conjonction de coordination et se rapporte ·u vouloir commun, nié parce que discontinu. Donc, la succession de ces ·ientions accentue le découpage et le déroulement du récit—(1) tous deux, (2) tous deux, (3) chacun des deux—et correspond à l'instauration de la différence dans ce texte foncièrement itératif.

Du point de vue temporel aussi, la troisième séquence marque une discontinuité de ce qui précède. La période de temps en question est indéterminée quoique située dans le passé, et les occurrences lexicales se rapportant à la temporalité aux vers 9 et 12 sont les seules dans le texte ("le temps venu que..." et "plus"). Cette disjonction temporelle rend compte sans doute largement du changement dans la modalité du vouloir. On pourrait caractériser les vers 1 à 8 par la dénomination "avant"; les vers 9 à 16 nous les classons "après." L'événement déterminant est non pas la naissance mais la maturité de la fille, fruit défendu s'il en est.

Séquence 4 (v. 13 à 16)

Ces quatre derniers vers constituent l'aboutissement du dédoublement du couple tracé depuis l'insinuation, le demi-mot dans le cinquième vers ("l'un"). La fissure est devenue "le grand écart." On ne peut plus nier la dissolution du sujet-duel (S) en deux actants sujets individuels (S_1 et S_2). Axiochus et Alcibiades (bien que ces prénoms ne soient jamais réitérés depuis le premier vers) sont intégrés chacun dans un programme narratif qui lui est propre. Ce qui est en cause finalement n'est pas le désir de la part de deux amis pour une seule fille; ils se débrouillent sans peine dans les tours de passe-passe. Ces deux sujets se trouvent devant une sorte de crise d'identité car en qualité d'élément syntaxique sémiotique ils ne sont définis eux-mêmes que par leurs relations avec les autres actants, et assurément ces relations se sont légèrement modifiées au cours du récit. Le problème qui se pose est la nécessité d'une rectification de comportement, ou de faire performateur, parce qu'une simple répétition de la formule originelle—$S \rightarrow (S \wedge O_2)$—serait bien trop audacieuse.

Ce problème se fait sentir également au niveau du signifiant; les qualités graphiques et syntaxiques du quatrain final en sont témoins. Il se distingue par deux unités phrastiques qui sont le reflet sur le plan discursif du dédoublement actantiel. C'est une marque matérielle de la reproduction, de la division d'un nucléus biologique et formel. Le signe de la féminité offre la preuve de sa capacité de se reproduire, de faire répéter, de scinder—actions réfléchies et aggressives. Deux voix différentes donnent la réitération successive de la même affirmation. Le procédé stylistique du discours direct indique le passage du récit construit à la troisième personne au dialogue entre un "je" et un "vous." Pourtant, la désintégration du rôle actantiel du sujet en deux parties distinctes est exigée plutôt par les lois culturelles contre l'inceste (élément extratextuel) que par des règles sémio-narratives. Par conséquent, le noeud de l'affaire est d'établir, de situer l'instance de la paternité. L'attribuer à un acteur spécifique s'avère difficile, voire impossible. Ils essaient chacun de l'imposer sur l'autre afin de pouvoir poursuivre son programme narratif sans peur d'une sanction négative ultime. Le seul dispositif utile à cette tâche insoluble serait d'extérioriser la différence entre les deux amis, de la représenter pour prouver son existence. Le surgissement de l'enfant sur la scène narrative atteste cette différence latente, intrinsèque. La fille en est la seule preuve; elle la crée. "La différence est cet état dans lequel on peut parler de LA détermination....La différence est cet état de la détermination comme distinction unilatérale. De la différence, il faut donc dire qu'on la fait, ou qu'elle se fait, comme dans l'expression 'faire la différence.'"[12] C'est pourquoi les amis jouent un petit jeu de persuasion presque parodique—pour refuser l'affirmation de la détermination. L'ambiguïté des relations est inéluctable. Mais pour que la différence ne se fasse pas chez lui, chacun jure en avoir vu la représentation dans l'autre, jure l'avoir vue faire surface. Donc, le refus de la parenté est présenté par moyen de l'énonciation d'une conjecture au lieu de la constatation d'un fait établi. Chaque énoncé constitue la (ré)action individuelle contre la virtualité du péché, envisagé déjà dans les programmes narratifs virtuels.

Il est peu paradoxal pourtant que l'énonciateur de la dernière phrase se sert du mot "compère" pour jeter la responsabilité de conception sur l'autre. Normalement le préfixe "com-" provenant du latin *cum* (avec) aurait l'effet de les plonger dans le même embarras—pères tous deux. Ce serait la définition étymologique, si l'on veut. Autrement le terme exprime le fait que l'un d'eux partage avec le père et la mère la responsabilité pour l'enfant. Le *Dictionnaire de l'Académie* nous apprend aussi qu'un compère est un homme adroit, fin, qui va à ses intérêts, et dont on doit se défier. En tout cas, l'image évoquée est celle de deux compères combattants en confrontation l'un avec l'autre pour déterminer qui "obtiendra" la nomination à (de) la paternité et qui prendra possession de l'objet convoité. Tous les deux en effet sont prêts à hasarder le péché: "il faut parier," dit Pascal, "la raison n'y peut rien déterminer."[13]

Rime et corrélation

Nous avons insisté jusqu'ici sur la répétition—répétition syntaxique, sémantique, actantielle, relationnelle, modale. Ces instances de répétition se manifestent tantôt sur le plan de l'expression, tantôt sur le plan du contenu, tel qu'il est caractéristique de la fonction poétique.[14] La rime aussi est une sorte de récurrence, "une convention poétique fondée sur l'opposition entre une identité phonétique et une différence sémantique.... l'exigence de *retour* est remplie par les sons, tandis que l'*arrêt* est provoqué par le choc des deux sens différents."[15] L'élément de position est primordial en ce qui concerne l'appréciation du schéma de rime. La représentation graphique de ce schéma dans le *Conte tiré d'Athénée* rend sensible à l'oeil l'importance de la disposition particulière des sons (fig. 3.2).

a b a b / b c c d / d e d e / e f e f
ᘂ

différence

Fig. 3.2

Les séquences 1, 3, et 4 déploient une rime croisée basée sur un phonème répété de la séquence précédente et un phonème nouveau. La deuxième séquence dévie de ce modèle. Au lieu d'introduire un seul son nouveau en alternance avec la rime b, cette séquence insère la rime c en distique et empiète sur la rime d de la suivante. "Le signifiant sonore...entre en jeu pour conjuguer ses articulations avec celles du signifié"[16] et secouer le joug du schéma est plus ou moins équivalent à indiquer du doigt l'enfantement de la différence. Existant sur la surface (niveau de la manifestation) tout en étant effectivement invisible à l'oeil, la différence ne saute aux yeux que dans la dernière séquence par la rupture du modèle syntaxique—la division du quatrain.[17] A part cette déviation syntaxique et graphique, la différence se matérialise dès lors dans la désagrégation évidente du couple actantiel et dans le bouleversement de la voix du narrateur. Sur le plan sémantique, la suggestion de la différence immanente et de la disjonction imminente existe à partir du vers 5 et assume une importance toujours croissante. De fait, ce germe de la différence dans la rime existe en concomitance avec l'événement narratif décisif se produisant au même endroit: la naissance de la fille, ou le dédoublement de l'objet en O_1 et O_2. C'est sur ces deux plans qu'une forte disjonction est représentée: les temps forts du récit signalent, situent et déterminent les perturbations phonémiques."[18] La germination de la différence correspond donc à une naissance anthropomorphe et au commencement de la dissolution du sujet-duel. Le nucléus du jeu du double et du dédoublement peut être formulé ainsi:

S duel / O dédoublé / S dédoublé
$(S \wedge O) \rightarrow (O_1 \vee O_2) \rightarrow (S_1 \vee S_2)$

Notons que la rime c, introduite dans le couplet, contient un phonème qui ne paraît en aucun autre endroit du poème. La manifestation unique dans une position "protégée" à l'intérieur du quatrain est frappante. Ce phonème en question donne aussi un mot clef—"elle"—renfermé dans deux lexèmes différents, des morphèmes différents, se référant à O_1 et à O_2 respectivement. L'intérêt de ce phonème répété qui est aussi un lexème, le pronom personnel féminin, naît du fait que ce signe grammatical de féminité est celui qui (re)produit la différence. O_2, procréation de O_1, entraîne la réaffirmation du vouloir de la part du sujet, quoiqu'incitant par la suite la disjonction de cet actant duel. Au lieu de renforcer l'union actorielle d'une façon parallèle aux relations du début du poème, le rejeton agit en tant qu'agent textuel d'une force culturelle hors texte (anti-destinateur). Le nouveau jet poussé sur la souche fait entrer en jeu finalement le côté sociolectal qui nécessite une restructuration des relations entre sujet et objet.

L'ensemble de ces relations est peut-être le mieux représenté par ce carré sémiotique construit sur la catégorie de jonction, l'opposition fondamentale conjonction/disjonction. Les sous-catégories positionnées sur le carré par rapport aux moments spécifiques du texte (séquences 1 à 4) établissent l'homologation des niveaux (le terme "superposition intratextuelle" est utilisé par T. Todorov) (fig. 3.3).[19]

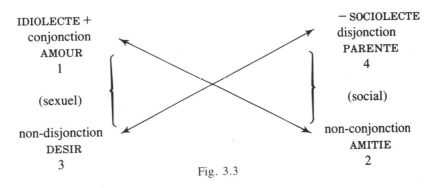

Fig. 3.3

Le développement syntagmatique de l'état du sujet-duel se dessine sur les quatre termes de la catégorie de jonction. Il se transforme subtilement depuis la conjonction (séquence 1) à travers la non-conjonction et la non-disjonction (séquences 2 et 3) jusqu'à la disjonction finale (séquence 4). Corrélée à cette structuration se trouve l'opposition des relations sexuelles et les relations de parenté—une variante, pour ainsi dire, du vieux binarisme amour/devoir. La première séquence, la seule à traiter une instance pure d'amour sexuel sans interférences, donne lieu à la deuxième où quelque chose "arrive" pour faire ressortir plutôt le caractère social (i.e., amitié, "s'en vantaient tous deux également") des acteurs sujet. Le désir sexuel se manifeste encore une fois grâce à l'"objet charmant" de la séquence 3, et ensuite l'importance du sociolecte est soulignée dans la quatrième. Le jeu de bascule qui caractérise le rythme sémantique du poème est reflété aussi dans la rime en alternance. Axiochus et Alcibiades maintiennent l'équilibre de leur jeu tant que l'élément féminin reste constant. Mais dès qu'"elle" intervient d'une façon trop provocante (rime c), incitant une action défendue, la bascule branle—étymologiquement, le sujet bat son cul. "Donzelle" et "belle" sonnent une rude attaque sur le sujet. La belle (rime) féminine, malgré les apparences, produit l'effet de discordance. La structure polémique du texte peut être résumée par les forces d'un destinateur et d'un anti-destinateur: l'un, permissif, suivant les lois de la nature; l'autre, prescriptif, agissant selon les lois culturelles. L'isotopie de couplage semble à la fin assujettie à l'isotopie de parenté, le péché sujet à la sanction pénale.

Spéculations: point de repère

L'un et l'autre du couple Axiochus-Alcibiades spéculent[20] sur la probabilité d'être père. La paire d'amants font des réflexions concernant ce problème en essayant de trouver un point de repère (v. 13 à 16). Chacun cherche des marques qui signalent une filiation, espérant trouver le fil (la fille) pour nouer l'autre. Ces spéculations-là, ces observations, ont pour but de considérer la mine de la fille (justement pour éviter à tout prix le possessif anglais *mine*), la face des choses, la surface polie de l'objet. En même temps, les deux camarades spéculent sur la rentabilité possible de la situation, sur la possibilité de cueillir des bénéfices. Paiera-t-elle? Les pères spéculatifs (car dans un sens ils sont *tous les deux* pères sinon maîtres de la situation, l'ayant engendrée) regardent l'objet, se regardent l'un l'autre, se regardent eux-mêmes. Ils prétendent voir des repères dans un miroir qui reflète leurs propres spéculations, qui reflète l'image paternelle de l'autre face à face avec sa fille. L'autre face du miroir—réservée au voyeur dans la relation ininterrompue sujet-objet, charmé-charmant. Cependant, le speculum se trouve entre leurs paroles respectives, dans la syncope imperceptible qui forme le dialogue (v. 14/15), dans cet espace silencieux qui absorbe la constatation de l'un afin de la répéter pour (refléter sur) l'autre. Le laissez-faire convenu pour le non-père ne contribue rien à la tentative de différenciation entre les deux amis quant aux liens du sang. La différence se cache en-dessous de la surface des choses et s'échappe à tout dévoilement. Pour aborder le même faire qu'au début, chacun est obligé de nier l'énoncé d'état imposé sur lui par l'autre. En énonçant la phrase "Vous ne sauriez faire/ Que cet enfant ne soit vous tout craché," le sujet se rappelle en fait, s'implique lui-même dans l'histoire. La nécessité d'avancer cette assertion signifie l'admission que celle-ci n'est pas une affaire classée. Les débats ne seront jamais clos car il y aura toujours un bout de fil qui ressort ne pouvant pas s'intégrer au nid. La difficulté se situe dans le fait que le nid est double, et comment savoir de quelle couche provient l'oiseau, ou dans laquelle l'attraper sans scrupules? Le seul miroir qui puisse déterminer à qui elle ressemble profondément est tissé dans l'abyme de répétition du texte.[21] Ce miroir doit contenir les traces de la semence qui reproduit l'image du père en la fille. A force de coupler et de recoupler au fil du récit, la distribution renouvelée des rôles se montre ambiguë, et le scénario doit être doublé. Frères ou compères, n'importe, ils se donnent l'un à l'autre la réplique convenable: les voix déjà doublées, ils doublent le jeu en raison d'un enjeu moins sûr.

Le problème de la fidélité de l'image et de l'emplacement du miroir est lié à l'ambiguïté du possessif et de la possession. Primo, quel nom propre attribuer à "l'un" et à "l'autre"? Secondo, lequel des deux sujets est visé chaque fois par le "vous" récurrent du dialogue? Ce n'est pas notre tâche de départager les voix. Néanmoins, ce genre de question devient pertinent à partir du moment où les relations sémio-narratives des trois premières séquences se désintègrent. La question d'appartenance s'applique surtout à l'objet dédoublé; c'est-à-dire que le dédoublement n'arrange pas le moyen de tracer les liens complexes entre actants ou de rattacher l'objet à un sujet. La disjonction d'une paire d'acteurs est le pivot sur lequel repose une conjonction, un rassemblement subséquent. L'appellation fraternelle ("frère") évoque une parenté commune, une famille quelconque dont les deux sont membres. Mais ceci n'est probablement pas le cas, et du reste, ne résout pas le problème qui nous préoccupe. La possession antérieure de l'objet est ce qui crée l'ambivalence d'une possession présente. L'un et l'autre ont possédé dans le passé; seul l'un ou l'autre a le droit de posséder maintenant. Le contrat interne est annulé alors que les participants reconnaissent leur assujettissement au code externe. Il ne s'agit plus des droits de l'homme; les droits du père ont la priorité. Ainsi la spéculation. Une fois qu'on est père, on l'est à jamais. Impossible de le défaire ou de le refaire pareillement. Il n'y a pas de dédoublement de l'instance paternelle, pas de répétition du sujet-père. Ce serait le premier double non désirable. Et finalement, se repérer dans ce noeud gordien est hors question, reconnaître où l'on en est, inutile. Se repérer impliquerait une précision d'information, ce qui est contre la nature de la spéculation. Spéculer seulement, rechercher abstraitement permet aux deux amis de se rapparier en le faisant sans se faire repérer par le monde extérieur. Puisque la situation demeure irréparable, il vaut mieux ne point localiser les repères.

Comment jouir des bénéfices de cette spéculation, vu son caractère hypothétique et tendancieux? En réponse à cette question spéculative, cette question non-posée de la quatrième séquence, chaque sujet dresse un contrat unilatéral: prendre sur soi le "hasard du péché." Contrat sexuel établi et approuvé exclusivement par lui-même pour qu'il ait l'air de tenir tous les fils, de maîtriser les forces de la nature au lieu de s'y abandonner. Ce qui compte est la production de son propre prétexte. Or, le prétexte existe déjà dans le corps du texte même car ç'en est un fondé sur la répétition du répété, sur l'enfantement de l'enfant, sur la reproduction de couples. Effectivement, c'est un texte qui déploie la tendance irrépressible de la reproduction. Donc, l'exploitation du premier nid appelle la même utilisation méthodique du second, excepté que cette fois il s'agit peut-être d'un oiseau de mauvais augure. La disjonction actorielle au sein du sujet invite une conjonction subséquente, c'est-à-dire une reprise du faire performatif du début du texte. Si tous deux sont disjoints dans leur statut actantiel, ils sont conjoints en revanche dans leur statut modal—le vouloir, le savoir, le pouvoir restant constants. Le contrat consistant à prendre sur soi le hasard représente à la fois un prétexte et une postface: la permission de faire et la remarque finale sur un fait quasiment accompli. Il n'y a pas de compromis sur les deux pôles de la catégorie thymique (sexualité et parenté), sauf celui de soi-même. L'interdiction au père située sur le plan sociolectal— le devoir ne pas faire—de répéter la fonction initiale (pondre), est contournée au profit du hasard permissif. Quand le rideau se lève sur la scène de la quatrième séquence et que les deux acteurs principaux se manifestent avec des voix distinctes de celle du narrateur, ils jouent tous deux (malgré leur désunion) une comédie de détournement. Et comme le deus ex machina est absent de ce jeu, ils continuent par la seule machine de répétition à détourner le cours familial, tout en se détournant pour ne pas voir que l'enfant est euxmêmes tout craché.

Problème du titre

L'édition définitive de l'oeuvre complète de La Fontaine faite par Henri Régnier ("Grands Ecrivains de la France," 1887) nous renseigne sur le titre de ce conte:[22] il est intitulé *Conte tiré d'Athénée* dans les éditions de 1665, 1667, 1668, 1669 à Paris, à Amsterdam, et à Leyde, aussi bien que dans le manuscrit de Conrart. Le titre *Les Deux amis* apparaît pour la première fois dans l'édition hollandaise de 1685, "un recueil complet de ses Contes sans sa participation avec des figures de Romain de Hooge."[23] Cette variante du titre, traitée apparemment comme quantité négligeable par les éditeurs, nous paraît d'une importance capitale.

> Puisque le texte est à considérer comme un ensemble d'éléments orga-
> nisés, le titre, qui en fait partie, n'en figure pas simplement la désigna-
> tion; il n'est pas, extérieurement à lui, le signe neutre de sa qualité: la
> première phrase du texte—le titre—comprend l'oeuvre entière....[24]

Donc, le titre est un élément aussi constitutif du texte intégral que n'importe quel mot, n'importe quelle phrase. Un poème sous un titre différent est un poème différent. *Conte tiré d'Athénée* annonce différemment que *Les Deux amis* et le texte qui en découle signifie selon le titre choisi.

   Conte tiré d'Athénée est un titre générique doublement répétitif: il nous rappelle d'abord où nous sommes—*Contes et nouvelles en vers*—en identi-fiant de nouveau le genre littéraire dont il s'agit. Ensuite, il met en valeur l'origine du contenu (Athénée, écrivain grec d'Egypte) avec le fait que le récit est repris, re-conté. Ce nom de poème historique, éponymique projette cer-tains rayons sur le texte qui s'incline devant lui dans une attitude de dépen-dance. Ce sont des rayons lumineux car l'avant-goût de la répétition qu'il fournit éclaire déjà le mécanisme essentiel. A propos d'un titre de Mallarmé, Derrida parle de "lustre": "le titre à suspendre est aussi, par sa place, sus-pendu, en suspens ou en suspension." [25] La remise à plus tard qu'est cette sus-pension enlève du titre lui-même la responsabilité de *dire* tout de suite au profit d'une différance de la matière tirée d'Athénée. C'est-à-dire que le titre reporte à plus loin l'acte de raconter, en ne faisant que prévenir, et promet une différence interne de la première version grecque qu'il suit. Finalement, le titre remplit un rôle d'objet sémiotique maintenant en équilibre le pré-texte et le texte présent; c'est un rappel d'une absence présente devant une autre pré-sence qui lui est redevable.

   Conte tiré d'Athénée est composé d'un substantif qui réitère ce qui est déjà évident, et d'un verbe transitif indirect dont le complément est construit avec la préposition "de." Cette marque de transitivité souligne le passage d'un état textuel à un autre et laisse entendre le détour préalable à la deuxième réalisa-tion—l'acte d'extraire, de puiser à la source. Sans ce titre, il n'y a pas de relation explicite entre le conte d'Athénée et le conte de La Fontaine. Si l'on admet que "le titre affiche la nature du texte, et donc le genre de lecture qui lui convient," [26] celui-ci appelle une recherche de la répétition et de la dif-férence engendrées par le tirage. Il faudrait tenir compte des éléments nar-ratifs repris d'Athénée et déplacés pour faire ressortir ensuite les éléments nouveaux, différents. (Nous ferons une telle étude intertextuelle en plus approfondi dans le Chapitre 5.) Sans entrer dans le détail, le segment du Livre Douzième d'Athénée dont le texte lafontainien est tiré mène plus loin le jeu des deux amis: "si elle dormait avec Alcibiade elle était appellée [*sic*] la fille d'Axioque, & si elle dormait avec Axioque elle était appelée à son tour la fille d'Alcibiade." [27] Cette version du conte veut que le sujet reste duel jusqu'à la fin en répétant le faire opéré sur la mère—dédoublement donc de l'objet mais non du sujet. Le couplage est maintenu d'un bout à l'autre sans menace véritable du péché.

Ces très brèves remarques comparatives suffisent toutefois à démontrer la valeur et la fonction sémio-narratives du titre. Le deuxième, *Les Deux amis*, fonde d'autres relations avec le texte qui le suit. On pourrait l'appeler un texte "en miniature." [28] Pourtant, ce qui est suspendu cette fois est le complément. La conjugaison du titre et du texte forme une totalité grammaticale—le titre en tant que sujet, les seize vers en tant que verbe. Déliés, ils ne sont que des fragments dépourvus de signification. Une analyse sémantique du titre, un petit énoncé d'état en l'occurrence, montre une conjonction qui recouvre une disjonction immanente. Deux acteurs sont conjoints par l'amitié et disjoints en même temps par leur individualité, le fait d'être *deux*. Lequel serait le côté dominant du sème de jonction dans "les deux amis"—l'union ou la désunion? Tant qu'il n'y a pas de verbe, l'énoncé demeure stagnant, sans réponse possible. Le fragment est incapable de produire un sens tout seul. Les relations inhérentes au titre sont analogues à celles entre le titre et le texte. Chaque unité lexémique du titre représente une catégorie sémique du texte. L'article défini devant le nom qualifié prend une valeur démonstrative (comme le fait le titre seul) en signalant un couple d'amis précis, comme si le référent était déjà bien connu. Et l'article préfigure aussi "l'un," "l'autre," et "tous les deux," sujets sans nom mais fortement désignés quand même. Ensemble, les mots du titre jouent à l'unisson en tant que forces organisatrices du poème entier.

Or, l'écart entre les deux parties constitutives du conte (titre et texte) créé par la différance, crée lui-même une tension signifiante. Cet écart différentiel porte des résonances profondes dans les multiples disjonctions dont le texte est fabriqué (v. fig. 3.1), la plus frappante étant la disjonction à mi-texte qui marque la maturation de l'enfant. Mais quant au titre, l'écart n'est guère permanent. Ainsi que l'on comble un trou, l'écart peut être effacé et la disjonction renversée par un lien conjonctif sémantique. Et l'alternance des deux états de jonction, ou plutôt les moments de suspension entre eux, est l'instance de l'activation du sens. La signification naît du mouvement de forces différées vers une (re)combinaison—le titre avec son texte pour former un tout signifiant, le sujet avec son objet pour réaliser un programme narratif.

Seule une suspension de la différance permettra la jouissance qui constitue le plaisir du texte.

Lequel est le "bon" titre—celui qui fait cas de la répétition (et par implication de la différence), ou celui qui fait valoir la relation binaire entre la conjonction et la disjonction? Selon le jugement d'Adrien Baillet,

> Le Titre d'un Livre doit être son abregé, & il en doit renfermer tout l'esprit autant qu'il est possible. Il doit être le centre de toutes les paroles & de toutes les pensées du Livre, de telle sorte qu'on n'y en puisse pas même trouver une qui n'y ait de la correspondance & du rapport. ...En effet un Titre juste auquel un Ouvrage corresponde parfaitement est quelque chose d'assés rare dans le Monde.[29]

En effet, il faudrait garder ensemble les deux titres pour convenir à ces conditions standard! En tout cas, à l'heure actuelle on ne considérerait pas la question du titre avec autant de dogmatisme que le fait Baillet. Au lieu de contempler ce qu'il "doit être," on se demande ce qu'il peut faire et comment il le fait. Notre lecture du poème, basée sur le principe d'immanence, est régie évidemment par *Les Deux amis*. Par conséquent, l'analyse ci-présente s'informe des structures d'organisation suggérées dans le titre. Quoique la répétition joue un rôle extrêmement important dans le conte sous ce titre, une étude plutôt d'Athénée et de La Fontaine donnerait lieu à une répétition différente. Etant donné le choix, l'essentiel est de s'en tirer à bon compte.

4. *La Confidente sans le savoir, ou le stratagème*

la communication différée

Procès-verbal, ou le stratagème

Que La Fontaine mette en scène lions, corbeaux, blondins, ou curés, il joue concurremment avec le langage. La chose est sûre. *La Confidente sans le savoir, ou le stratagème* offre un exemple d'une ruse amoureuse réussie grâce à un jeu habile de la communication différée. Sous prétexte de porter plainte, une dame éprise d'un beau jeune homme se rend chez la gouvernante de celui-ci, et lui présente à son insu le moyen d'agir comme intermédiaire entre les deux amants. Non seulement n'y a-t-il pas de (ré)jouissance immédiate dans cette histoire, mais il y a une série de plaintes répétées par la jeune dame avant que le monsieur en question s'aperçoive de la réalité de la situation, du désir à assouvir. Nous proposons donc une analyse de la manipulation effectuée par le sujet en quête d'un objet de valeur (femme → homme) pour assurer la transformation de l'état initial de disjonction à un état final de conjonction. Nous insisterons surtout sur le fonctionnement des modalités à l'intérieur du programme narratif aussi bien que sur le problème de la véridiction.

L'entrée en matière s'effectue indirectement par moyen d'un préambule de dix-huit vers qui établit a priori le point d'intersection entre l'Amour et le langage. Le destinateur-narrateur (la tradition attribue le "je" omniprésent à La Fontaine lui-même) prépare le commencement de son récit en évoquant un portrait de l'Amour: "Je ne connais rhéteur ni maître ès arts/ Tel que l'Amour; il excelle en bien dire." Ce spécialiste de "savoir dire," continue-t-il, "C'est l'inventeur des tours et stratagèmes." On se doute que le tableau à la louange du dieu mythique n'est nullement gratuit. De fait, l'Amour joue un rôle ici—c'est le destinateur du "bien dire" et du tour à pratiquer. Egalement dans *Le Muletier*, l'Amour est enseignant: "Maître ne sais meilleur pour enseigner/ Que Cupidon; ...Aux plus grossiers, ...Il sait montrer les tours et les paroles." Le lexème "stratagème" relève, par ailleurs, du champ sémantique militaire caractéristique du préambule. Emprunté au grec, il dénote une ruse

54

mise en oeuvre pour obtenir un avantage, pour triompher d'un adversaire. L'applicabilité du vocabulaire guerrier sera démontrée par la suite puisqu'avec les "doux regards" et les "tendres pleurs" si fréquents en amour, "la guerre aussi s'exerce en son empire." Sur ces signes situés au niveau de l'énonciation énoncée, on passe ensuite au récit proprement dit. Il est clair que, dès maintenant, la jeune Aminte, sujet du programme, se trouve implicitement en relation avec Amour en ce qu'elle est destinataire de ses biens—le désir aussi bien que le moyen de le satisfaire.

A l'ouverture du récit on trouve tout de suite l'indication d'un déséquilibre inhérent avec le besoin d'y remédier: "La jeune Aminte, à Géronte donnée,/ Méritait mieux qu'un si triste hyménée." Même si l'on ignore le principe de son mérite, que ce soit cornélien ou autre, peu importe. Il n'en est pas moins qu'Aminte occupe une position pitoyable, celle d'avoir été accordée par un contrat de mariage à un vieux mari déplaisant. Ce mariage établit un état de devoir, défini par le code socio-culturel pré-existant, où le sujet est tenu à respecter ses obligations. Le "mariage de raison" avait, depuis le Moyen âge, engendré le lieu commun littéraire de la mal-mariée avec son chant de malheurs. *Le Calendrier des Vieillards*, dans lequel une jeune mariée n'est comblée du privilège de l'hymen que quatre fois par an, nous apprend que ce genre d'union conjugale ("Jeunes tendrons à vieillards apparient") est voué au désordre, au sens fort du dix-septième siècle. L'instabilité interne d'une telle relation appelle un dispositif de correction quelconque. Effectivement, le "remède" a déjà été trouvé par Aminte "sur son passage"; il s'agit bien sûr d'un certain Cléon qui possède par un hasard fortuit les qualités mêmes absentes chez Géronte—jeunesse et beauté. L'ayant vu, Aminte est aussitôt charmée par ce "doux objet."

Ainsi, les dix premiers vers du récit présentent les éléments fondamentaux de la grammaire narrative: le sujet (S = Aminte); l'objet de désir (O = Cléon); et l'opposant, ou l'anti-sujet (T = Géronte/contrat de mariage). Il y a déjà dans ce schéma le sens de la confrontation qui est dû aux oppositions mises en jeu (jeune/vieux; amour/devoir), et qui caractérise le principe polémique de la narrativité.

Alors que le sujet rumine sur l'obstacle que représente son devoir conjugal, une intervention concernant le destinateur s'introduit au niveau de l'énonciation énoncée: "Mais lorsqu'Amour prend le fatal moment,/ Devoir et tout, et rien, c'est même chose." L'intervention a la double fonction de confirmer le rôle actantiel de l'Amour, tout en le rapportant au récit, et d'assurer la compétence de l'acteur.

Evidemment la question qui se pose d'emblée est *comment* acquérir cet objet convoité? Pour qu'Aminte réussisse à convoquer Cléon auprès d'elle, il faut qu'elle invente une stratégie. En termes sémiotiques, elle doit exécuter un programme narratif en effectuant un parcours qui mène, entre autres, à l'acquisition des valeurs modales. Ces modalités (vouloir, savoir, pouvoir) constitueront, une fois rassemblées, la compétence du sujet. Pour l'instant, ayant déjà constaté un vouloir-faire, le sujet cherche à fonder le savoir-faire, notamment pour résoudre le problème posé ci-dessus ("elle songe au moyen/ De l'engager..."). Puisque l'échange de lettres s'avère souvent hasardeux (surtout chez Molière, dont certains textes servent de modèles narratifs à celui-ci), Aminte décide qu'une confidente serait le moyen le plus sûr d'arriver à ses fins.[1]

L'introduction dans le jeu d'un nouvel actant facilite le déroulement du programme narratif du sujet. Un beau jour, Madame Alis, gouvernante de Cléon, reçoit la jeune Aminte qui vient porter plainte, à savoir que Cléon a conçu la fantaisie de la poursuivre à tel point qu'il passe continuellement sous sa fenêtre. Le sujet (Aminte) prie instamment Alis, agissant dès lors en tant qu'adjuvant (A), de rectifier cette affaire auprès de son pupille. Par la promesse d'Alis de faire en sorte que Cléon se conforme aux bienséances selon les prières d'Aminte, un contrat implicite est établi entre sujet et adjuvant. On pourrait également considérer l'adjuvant comme un destinateur modal, pourvoyant au sujet le pouvoir-faire. Cette dernière modalité acquise, le sujet possède la compétence nécessaire à la réalisation, ou la performance (P) du programme narratif (fig. 4.1).

$$
\left.
\begin{array}{ll}
\text{S: vouloir ---- savoir} & \\
\text{A:} \qquad\qquad \text{---- pouvoir} &
\end{array}
\right\}
\begin{array}{l}
\text{compétence} \\
\text{--------------} \rightarrow \text{P}
\end{array}
$$

Fig. 4.1

Alis accomplit son devoir ainsi que convenu. Il n'est pas étonnant alors que le pauvre Cléon soit pris entièrement au dépourvu. Il désavoue toutes les charges produites contre lui et rapportées par sa gouvernante. La conséquence: tout cela ne fait que laisser Cléon perplexe.

Il va chez lui *songer*[2] à cette affaire:
Rien ne lui peut débrouiller le mystère.

Chose incompréhensible, comme un secret qui invite à être percé.
Trois jours passent. Récurrence de la visite rendue à Alis par Aminte. Répétition de la plainte. Seulement, elle est intensifiée cette fois; Aminte prétend que la poursuite de Cléon devient encore plus ardente. Il s'ensuit donc

que la gouvernante, toujours fidèle à son engagement vis-à-vis d'Aminte, refait sa réprimande avec une force d'enfer: "Allez, Satan; allez, vrai Lucifer,/
Maudit de Dieu." De nouveau, Cléon reste interloqué ("ne sut que dire"), et
encore une fois il rentre dans sa chambre pour reconsidérer cette énigme.
Pourtant, comme nous le verrons, il y a une différence:

> Il s'en retourne, il rumine, il repense,
> Il rêve tant, qu'*enfin* il dit en soi:
> "Si c'était là quelque ruse d'Aminte!
> Je trouve, hélas! mon devoir dans sa plainte.
> Elle me dit: "O Cléon! aime-moi,
> "Aime-moi donc," en disant que je l'aime.
> Je l'aime aussi, tant pour son stratagème
> Que pour ses traits.

Ce segment, homologue à celui qui le précède chronologiquement, manifeste
de façon sémantique, syntaxique, et rhétorique la répétition mise en oeuvre.
Le préfixe récurrent "re-" qui implique la répétition de l'acte/signifié auquel
il est attaché; l'itération de quatre structures syntaxiques succintes et emphati-
ques mettant en évidence la redondance sémantique ("il s'en retourne, il
rumine, il repense,/ Il rêve tant"); enfin l'effet allitératif de quatre verbes *in
seriatim* qui commencent par la lettre "r," servent tous à valoriser la différence imminente (immanente). Enfin, Cléon se demande s'il ne s'agit pas
d'une ruse de la part d'Aminte. "Les bons et vrais dévots, qu'on doit suivre à
la trace,/ Ne sont pas ceux qui font tant de grimace," professe Cléante dans
Le Tartuffe (I, v). Aminte ne prétend peut-être pas être dévote, mais elle manifeste amplement son mécontentement. Le mot "enfin" différencie effectivement ce segment de sa contrepartie homologue par le fait qu'il y a eu une
évolution dans l'acte de "songer" et qu'il y a une fin, au propre et au figuré, à
la rumination infructueuse.

Il est évident que l'objet a fait des progrès dans le dévoilement du mystère,
dans le déchiffrement du code du sujet. Qu'il s'est aperçu de l'existence
même d'un code marque le dénouement (littéralement, le dé-nouement du
noeud énigmatique) du texte. On peut également supposer que Cléon dispose
du savoir nécessaire pour déduire un message de ce code. En effet, il parvient
à "lire" le message qui se trouve camouflé dans la plainte elle-même—la
plainte étant une sorte de localisation d'un ensemble de signes paradoxaux
("Je trouve mon devoir *dans* sa plainte"). Le contenu de cette lecture correspond *grosso modo* à la prescription par le sujet d'un certain parcours à suivre
par l'objet. (La plainte sera donc considérée comme le point de départ d'un

programme annexe dans lequel l'objet du programme de base fonctionne comme sujet.) Cléon reconstruit le message et le traduit ainsi: "Elle me dit: 'O Cléon! aime-moi,/ Aime-moi donc,' en disant que je l'aime." Le déchiffrement du code représente l'acquisition de la modalité du savoir. Dans les termes de Saussure, "la langue est nécessaire pour que la parole soit intelligible et produise tous ses effets." [3] Ce code ironique est caractérisé par la binarité du dire et du vouloir dire; en d'autres termes, "en se plaignant de ce qui n'est pas, [Aminte] ordonne ou supplie que cela soit," explique H. Régnier dans son édition critique. [4] Grâce à ce savoir acquis, l'acteur Cléon devient pleinement conscient de la relation "sujet en quête/objet de désir" dans laquelle il est impliqué. L'inverse, figurativisé par le discours de Madame Alis, est tenu pour démenti.

Manipulation: à tour de rôle

Avant de passer à la prochaine séquence, reprenons ce que nous avons dit jusqu'ici sous une autre optique, en faisant appel aux structures de la manipulation. A la base de l'histoire existe un programme narratif fondé sur la modalité du vouloir d'un premier sujet, un programme qui vise la conjonction avec un objet de désir.

$$PN = F [S1 \rightarrow (S1 \wedge O)]$$

(La formule est à lire: le programme narratif se définit par un premier sujet qui fait en sorte qu'il soit lui-même conjoint avec un objet.

Or, pour atteindre à cette fin euphorique, S1 est obligé d'effectuer une suite de manipulations. Autrement dit, il s'agit d'un faire-faire qui est figurativisé ici par la ruse, le stratagème. La séquence narrative correspondant au programme de base serait celle-ci:

[manipulation ---- compétence ---- performance]

Pour mieux démontrer l'agencement structural du parcours narratif, nous représentons les différentes relations logiques par les formules suivantes:

$$PN = F [S1 \rightarrow (S1 \wedge O)]$$
(a) $PN = F [S1 \rightarrow (S2 \rightarrow S3)]$ S1 = Aminte
(b) $PN = F [S2 \rightarrow (S3 \vee S1)]$ S2 = Alis
(c) $PN = F [S3 \rightarrow (S3 \wedge S1)]$ S3, O = Cléon

Ces formules se traduisent ainsi: (a) Aminte fait en sorte qu'Alis réprimande Cléon; (b) Alis fait en sorte que Cléon soit disjoint d'Aminte; et (c) Cléon fait en sorte qu'il soit conjoint avec Aminte. Le premier programme de base régit les trois programmes annexes qui sont orientés (chacun fondé sur une performance précédente) et ordonnés selon le principe de transitivité. Le parcours vise la transformation d'un énoncé d'état, c'est-à-dire la réalisation de la conjonction amoureuse pour combler le manque initial. Les structures de la manipulation sont multiples dans ce récit en raison de la complexité du stratagème. Nous avons non pas une mais deux relations manipulatoires, liées hiérarchiquement l'une à l'autre. Aminte, destinateur-manipulateur 1, fait faire un certain programme par Alis, sujet manipulé-destinataire. De même, Alis fonctionne comme manipulateur 2 dans ses relations inter-subjectives avec Cléon, deuxième sujet manipulé-destinataire.

M1: S1 (Aminte) → S2 (Alis)
M2: S2 (Alis) → S3 (Cléon)

Donc, S1 exerce un faire-faire sur S2, et S2 à son tour manipule S3 qui, lui, est censé aussi exécuter un programme donné (se rendre chez Aminte). La première manipulation est, en partie, un faire-croire qui appelle un contrat entre S1 et S2, où le sujet-manipulé s'engage à une action subséquente. En revanche, la deuxième manipulation consiste en une persuasion opérée par le destinateur (S2) pour que le destinataire (S3) *arrête* une action déjà entreprise. Elle (M2) consiste dans l'interdiction à Cléon de répéter une fonction initiale supposée: un devoir ne pas faire. Les deux opérations de manipulation ont lieu sur la dimension cognitive.

Cependant, un schéma de l'ensemble démontre plus clairement l'opposition des buts à accomplir. D'un côté, il y a un faire-faire de la part d'Aminte et, de l'autre côté, un faire ne pas faire de la part de la gouvernante: intervention *vs.* empêchement. Projeté sur le carré sémiotique, la manipulation donne lieu à quatre possibilités (fig. 4.2).[5]

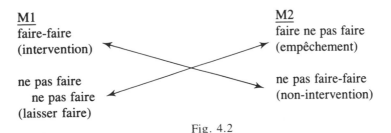

M1
faire-faire
(intervention)

M2
faire ne pas faire
(empêchement)

ne pas faire
   ne pas faire
(laisser faire)

ne pas faire-faire
(non-intervention)

Fig. 4.2

La première (M1), de nature prospective, est identifiable par une quête, tandis que l'autre (M2), de nature rétrospective, est déterminée par une sanction. Parallèlement, il y a une sorte de concurrence entre deux structures modales—volitive et déontique. Celle-là est figurativisée par Aminte et par l'Amour (et éventuellement par Cléon aussi); celle-ci par Alis et par Géronte.

Quoiqu'il s'agisse bien d'un faire persuasif dans les deux cas, le type de persuasion mise en oeuvre dépend de la compétence du destinateur-manipulateur. Il faut distinguer ici entre le manipulateur-sujet selon le savoir et le manipulateur-sujet selon le pouvoir. Aminte, le sujet selon le savoir, accomplit le faire persuasif grâce à un don cognitif (le strategème) du destinateur-Amour aussi bien qu'à un jugement préalable sur la compétence du destinataire.[6] Rappelons-nous qu'Aminte trouve son objet "beau, bien fait, jeune et *sage*" et, en outre, elle "croit rendre Cléon traitable." En revanche, Alis, le sujet selon le pouvoir, persuade par menaces et par intimidation. Corrélativement, le sujet-manipulé (dans cette catégorie, nous nous concentrons uniquement sur le rôle de Cléon) est amené à exercer un faire interprétatif en réponse au faire persuasif. C'est l'interprétation de Cléon que nous étudierons dans la prochaine séquence. Quant à la persuasion elle-même, la sagesse de Pascal s'incorpore sans difficulté à ce contexte:

> L'art de persuader a un rapport nécessaire à la manière dont les hommes consentent à ce qu'on leur propose, et aux conditions des choses qu'on veut faire croire.
>
> ...l'art de persuader consiste autant en celui d'agréer qu'en celui de convaincre, tant les hommes se gouvernent plus par caprice que par raison.

Il n'est peut-être pas besoin de souligner le côté "agrément" et pour Aminte et pour Cléon. Explorant plus loin la relation entre l'esprit et la volonté, Pascal explique "qu'il se fait un balancement douteux entre la vérité et la volupté, et que la connaissance de l'une et le sentiment de l'autre font un combat dont le succès est bien incertain."[7] Le jugement moral implicite dans ce "combat" signale de la part du janséniste un pessimisme sur la nature humaine dont il n'est évidemment pas question chez La Fontaine. Néanmoins, on peut certainement apprécier ces oppositions qui régissent même ici la manipulation par Aminte (caprice, volupté) et celle effectuée par Alis (raison, vérité).

Une fois le contrat établi entre Aminte et Alis, introduisant ainsi le rôle d'adjuvant dans le stratagème si astucieux d'Aminte, le chaînon absent (modalité du pouvoir) se présente. Alis exécute le faire stipulé par le sujet-manipulateur et, ce faisant, met le jeu en marche. Or, comme le titre du conte nous l'indique, Alis agit au profit d'Aminte "sans le savoir"; vu qu'Alis représente un sujet selon le pouvoir, il lui manque le savoir pour lire au niveau profond du discours plaintif. Par conséquent, ce qui va se passer entre la communication du message par Alis et la réalisation du programme narratif (la conjonction S1 $\wedge$ O) dépendra entièrement de la compétence et de la volonté de l'objet de désir (Cléon).[8]

Ayant interprété le code du sujet, Cléon se trouve en face d'un choix d'action, choix qui se manifestera d'abord par la transmission d'un message-réponse encodé d'une manière conforme à celui du destinateur originel. Une question se pose à cette conjoncture, à savoir Cléon est-il capable de reproduire ce langage dont il n'a qu'une connaissance passive? Autrement dit, l'objet, qui fonctionne maintenant en tant que sujet (S3) de son propre programme narratif (PN stade "c" du schéma, supra, p. 58), possède-t-il une compétence linguistique et sémantique? On se rend compte presque aussitôt qu'il est dans la bonne voie: "Pourquoi n'oser?... Mais si l'époux m'attrapait au logis!" L'omniprésence implicite de l'opposant exclut la possibilité de fixer un rendez-vous par des moyens "normaux." "Laissons-la faire et laissons-nous conduire," décide Cléon. Qu'elle prenne donc le dessus dans l'affaire; qu'elle mène la danse. Il la suivra pas à pas. En tout cas, on dirait que ce sujet-manipulé est prêt à accepter son destin de bon gré et à choisir la route de l'obéissance.

Encore trois jours passent. Aminte rend sa troisième visite à Alis. De nouveau, Aminte porte plainte "pour instruire/ Son cher Cléon du bonheur de son sort." Cette fois le rapport accusateur est nettement plus circonstancié; le sujet habile sait emballer soigneusement les renseignements qui seront, sous peu, confiés à l'objet. Les précisions de lieu, d'heure, et de méthode sont de la plus haute importance dans cette communication. Cléon se présente devant Alis (avec empressement, semble-t-il) une heure après le départ d'Aminte. (La dernière fois on a dû le convoquer!) La réprimande d'Alis n'est rien d'autre qu'une reprise mot pour mot du propos d'Aminte qui, ostensiblement, obtient l'effet recherché longuement par la gouvernante. Cléon, qui "se tint pour dûment averti," déclare d'un ton empreint de résignation:

"J'aimais, dit-il, il est vrai, cette belle;
Mais, puisqu'il faut ne rien espérer d'elle,
Je me retire, et prendrai ce parti.
—Vous ferez bien; c'est celui qu'il faut prendre,"
Lui dit Alis. Il ne le prit pourtant.

Quant au programme narratif de S2 (PN d'usage "b," *supra*, p. 58), le texte signale sa réalisation—la disjonction apparente entre Cléon et Aminte (S3 $\vee$ S1)— au moins selon le signifiant, puisque Cléon proclame son renoncement. Croyant clore l'histoire une fois pour toutes, Alis sanctionne positivement le parti pris du jeune homme. Bien entendu, tout ceci se situe au niveau du *paraître* et pose le problème de la véridiction. Nous y reviendrons.

Comme on s'en est très bien aperçu, ce texte met en valeur la différence entre *dire* et *vouloir dire*. Il est vrai également, si paradoxal que cela semble vu le renoncement de Cléon, que le programme narratif d'Aminte voit une fin heureuse. Ce soi-disant paradoxe s'explique par le syncrétisme qui permet qu'Alis favorise la conjonction du sujet et de l'objet, et préconise en même temps leur disjonction. C'est que le même acteur (Alis) joue deux rôles—adjuvant par rapport à Aminte, sujet par rapport à Cléon. Dans cette "structure complexe de manipulation et contre-manipulation...l'unité est assurée par la permanence d'au moins un acteur qui change de rôle actantiel et par une certaine identité figurative dans les deux procès respectifs." [9]

Le jeu du langage, qui est responsable du parcours narratif, finit par servir comme signe du rendez-vous imminent entre nos amants. Tout en renonçant verbalement, cédant aux forces de la raison et de la bienséance représentées par la gouvernante répressive, Cléon veut dire en vérité le contraire. Le narrateur nous en avertit: "Il ne le prit [ce parti] pourtant." Le passage cité (p. 61) atteste la compétence linguistique du jeune amant, c'est-à-dire son savoir-faire manipulateur quant aux règles du langage et à la reconnaissance de ses structures sous-jacentes. Cette compétence lui permet d'engendrer son propre message conforme au code du sujet. En bref, Cléon a appris à parler comme Aminte. "Je me retire," dit-il, alors qu'il signifie "je m'avance à bon escient." L'énoncé *x* produit par l'objet est interprété comme tel par l'adjuvant, mais il est lu comme *non-x* par le sujet. Aussi, dans les limites du système linguistique partagé entre le sujet et l'objet, *x* égale-t-il *non-x*.

Les 24 vers qui restent figurativisent le faire performatif. La description de ce que font nos deux amants (sujet et objet conjoints) est légèrement voilée— voilée comme les femmes dans les tableaux de l'Ecole de Fontainebleau! Au reste, il y a disette de messages parlés dans ce segment: "Il entre vite, et sans autres discours/ Ils vont...ils vont au cabinet d'amours." Après tout, ce n'est peut-être pas le moment de conter fleurette! Les points de suspension signalent, dirait-on, une petite réticence de la part du narrateur à dénommer cette instance spatiale. Elle est néanmoins investie d'une valeur euphorique. Le fait que la parole manque ici différencie cette fin du syntagme de l'ensemble du récit; la parole qui servait d'outil auparavant se trouve maintenant dénuée de fonction. Topologiquement, l'endroit paraît cloisonné et bien distinct de l'espace extérieur. Arrivé à la porte où Aminte attend, à cet endroit "marqué" sous les cieux (bien)veillants, Cléon semble déjà avoir franchi le seuil d'un foyer intime.

Effectivement, on peut considérer cette séquence conclusive une confirmation tacite de la puissance du langage. Un jugement final prononcé par Cléon nous ramène aux remarques initiales: "Qui vous a fait aviser de ce tour?/ Car jamais tel ne se fit en amour:/ Sur les plus fins je prétends qu'il excelle." Le dieu de l'Amour, destinateur responsable d'avoir avisé Aminte du stratagème, remporte encore une fois le premier prix.

Dans le déroulement du programme narratif de base dont Aminte est le sujet manipulateur: PN = F [S1 → (S1 ∧ O)], la manipulation représente, comme nous l'avons vu, la phase initiale. Dans cette phase, le programme reste encore virtuel et dépend pour sa réalisation de l'acquisition des valeurs modales par le destinataire-sujet manipulé (Cléon). La performance du sujet-manipulé appelle à la fin la sanction du manipulateur, ou un faire évaluateur. L'enchaînement narratif qui met en place le programme de séduction d'Aminte peut être résumé *in toto* ainsi:

[manipulation ---- compétence ---- performance ---- sanction]

La sanction dont il est question dans la phase finale implique un jugement de valeur porté sur le faire du sujet-performateur et correspond à la rétribution. La rétribution effectuée ici n'est pas bien définie dans le texte, mais on peut déduire sans aucun problème qu'elle est du type positif! Au début du conte, le narrateur évoque une intentionnalité de la part du manipulateur: "Le but d'Aminte en cette passion/ Etait, sans plus, la consolation/ D'un entretien sans crime." Or, en rajoutant tout de suite— "Mais l'appétit vient toujours en mangeant:/ Le plus sûr est ne se point mettre à table"—le narrateur nous invite à réfléchir quand même sur la poussée de cette passion et le délice des mets. La réalisation de l'étape finale n'est que partiellement figurativisée. Que se passe-t-il au juste à la suite des louanges chantées dans le cabinet d'amours? Cette fois le narrateur pose lui-même la question, "Ne fit-il que louer?" La réponse, qui servirait à définir plus exactement la sanction, fait appel, d'une part, au sens commun du lecteur, et d'autre part à l'intertextualité avec toutes les présuppositions des discours antécédents.[10]

Plainte ou proposition: mystère à débrouiller

Revenons maintenant au problème relevé ci-dessus concernant la véridiction des énoncés. Le succès du programme d'Aminte repose sur la capacité de

Cléon d'interpréter correctement le discours qui lui est destiné. Autrement dit, la "lecture" des plaintes fonctionne comme une sorte d'épreuve qualifiante pour le sujet-manipulé où l'on teste son savoir, notamment celui d'évaluer les énoncés. En tant qu'énonciataire, nous savons déjà quelle valeur attribuer aux paroles d'Aminte grâce aux avertissements du narrateur. En revanche, Cléon commence par regarder les choses à l'oeil nu, selon le plan du paraître. Le mystère des réprimandes lui reste indéchiffrable, le "vrai" message demeure insaisissable jusqu'à la bonne identification du contexte.[11] La tâche de décodage est rendue particulièrement difficile pour Cléon à cause du débrayage de l'énoncé-discours, le fait qu'il est rapporté à la troisième personne par Alis. Nous allons montrer par la suite l'importance de l'écart produit par la "différance" du message.

L'essentiel pour Cléon est de concevoir une stratégie herméneutique qui lui permet d'analyser, de "débrouiller le mystère." Les signes de la stratégie mise en marche sont représentés dans le texte par des verbes tels que *songer*, *ruminer*, *repenser*, mots signifiant la recherche d'un savoir, mais qui présupposent en même temps un autre savoir préalable. Normalement, il faut s'apercevoir a priori des marques évoquant la problématique de la vérité à l'intérieur du discours pour aboutir à une interprétation adéquate. Ici, cette problématique est frappante. Cléon est sûr de ne pas avoir commis les crimes pour lesquels il est admonesté. Il nie tout. Néanmoins, Madame Alis reprend: "la chose est vraie ou fausse,/ Mais fausse ou vraie, il faut...." Le carré de la véridiction démontre les dimensions possibles pour situer les énoncés prononcés par Aminte (fig. 4.3).[12] L'activité cognitive s'exerce à l'intérieur de la

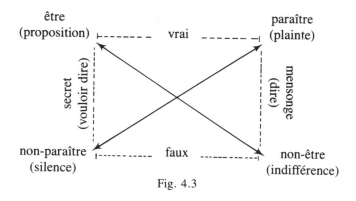

Fig. 4.3

catégorie de la véridiction, et Cléon cherchera à déterminer la réalité de l'affaire selon l'être et le paraître.

Ce paraître ne vise plus, comme dans le cas de la vraisemblance, l'adéquation avec le référent, mais l'adhésion de la part du destinataire auquel il s'adresse et cherche à être lu comme vrai par celui-ci. L'adhésion du destinataire, de son côté, ne peut être acquise que si elle correspond à son attente.[13]

Il est clair dès le début que le dire d'Aminte est mensonger; Cléon le sait aussi bien que le lecteur. Seule Alis est dépourvue de ce savoir.

Pourtant, Cléon ne se contente pas d'établir la fausseté des paroles d'Aminte. Au-delà de la constatation du faux à la surface des choses se trouve un vouloir savoir-vrai; le vrai, sous-jacent au niveau de la manifestation, est immanent au discours de la jeune femme. La récurrence du syntagme qu'est la plainte est donc une occurrence signifiante quant au faire cognitif de l'objet. L'opposition entre le manifeste et l'immanent, telle qu'elle est discernée par Cléon, peut être représentée ainsi:

$\frac{\text{être}}{\text{faire-faire}}$	*vs.*	$\frac{\text{paraître}}{\text{faire ne pas faire}}$

Ce rapport de contrariété—l'être et le paraître—s'opère dans le cadre du carré de la véridiction (p. 64) tout en étant homologue aux relations logiques du carré de la manipulation (p. 59). Le faire-faire d'Aminte, l'équivalent de l'être, reste secret jusqu'au moment où Cléon résout le problème de la véridiction. En revanche, le faire ne pas faire est manifesté sur le plan du paraître, et est actualisé par la gouvernante comme un devoir ne pas faire. On pourrait dire que Cléon, en cherchant le savoir-vrai, veut remplacer le paraître par l'être. En ce faisant, et en s'apercevant du faire-faire du sujet-quêteur, le jeune homme se rend entièrement réceptif au faire vouloir-faire:

> J'avoue en bonne foi
> Que mon esprit d'abord n'y voyait goutte;
> Mais à présent je ne fais aucun doute:
> . . . .
> Ah! si j'osais, ...
> Je l'irais voir; et, plein de confiance,
> Je lui dirais quelle est la violence,
> Quel est le feu dont je me sens épris.

Récurrence et différance

Etroitement lié à cette question de véridiction est le fait que le message subit un détour. Aminte ne parle pas directement à Cléon; elle choisit de prendre contact avec lui par moyen d'un intermédiaire. Examinons donc de plus près le fonctionnement du message différé qui est le coeur du stratagème. Le schéma suivant représente en résumé l'enchaînement syntagmatique de la transmission du message (fig. 4.4).

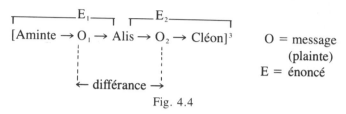

$$\overbrace{\hspace{2cm}}^{E_1} \quad \overbrace{\hspace{2cm}}^{E_2}$$

[Aminte → O_1 → Alis → O_2 → Cléon]³   O = message
                                                    (plainte)
← différance →   E = énoncé

Fig. 4.4

Cette formule dérive du schéma de la communication bien connu. Selon sa forme canonique, D_1 → O → D_2, un destinateur effectue le transfert d'un objet de valeur à un destinataire. C'est cette opération syntaxique qui paraît ici, à cela près qu'il y a deux transferts au lieu d'un seul, et que le tout est répété trois fois. La communication dans notre contexte concerne le faire informatif, la transmission verbale d'un message. Le message transmis d'abord à Alis et ensuite à Cléon est un ensemble de signes linguistiques, une production de sens. Alis représente évidemment le terme intermédiaire de la formule: dans son rôle d'adjuvant, elle fonctionne en tant que médiateur dans un lieu d'exercice de la "factitivité." La factitivité, un faire-faire, se définit comme une structure modale constituée de deux énoncés (E_1 et E_2) qui ont des prédicats identiques (O_1 et O_2) mais des sujets différents (Aminte et Alis).[14] On pourrait réécrire la formule ci-haut en la divisant en deux parties: $E_1 = D_1$ → O_1 → D_2 et $E_2 = D_1$ → O_2 → D_2 où le destinataire du premier énoncé est le même actant que le destinateur du deuxième énoncé. Alis est également chargée d'une translation en ce qu'elle transfère quelque chose d'une personne à une autre. De ce point de vue, son rôle relève du sens étymologique du mot: translation < *transferre*; porter, faire passer. Alis est un adjuvant malgré elle et, en fournissant la modalité du pouvoir qui met en jeu la manipulation, elle vaque à son devoir au gré de tout le monde.

Seulement, la plainte en tant qu'objet de valeur à transmettre, assume sa "vraie" signification uniquement par rapport à son énonciateur ("vrai" selon le référent interne indiqué par sa position logique sur le carré de la véridiction, supra, p. 64). Donc, le sens d'O_1 au moment du premier énoncé serait synonyme d'interdiction ou de disjonction, alors que dans le deuxième, O_2 signifierait la prescription ou la conjonction. (Ce genre de binarité est saisissable également dans la construction du carré de la manipulation.) Le processus qui consiste à différer le message, à en faire deux énoncés, s'avère indispensable à la production des sens variables.

Ainsi, l'objet de la communication s'inscrit dans un système où son sens est rendu accessible, et cela par le jeu de différences qui se manifestent au long du parcours de l'objet-message. La *différance*, telle qu'elle est conçue par J. Derrida, est le mouvement constitutif de notre code, mouvement caractérisé par la temporisation et par l'espacement. "Temporiser, c'est recourir...à la médiation temporelle et temporisatrice d'un détour suspendant l'accomplissement où le remplissement du 'désir' ou de la 'volonté.'" [15] L'espacement qui a lieu crée l'altérité dans la répétition, dans l'intervalle, et dans la distance. Les intervalles établis par ces deux forces constitutives de la différance séparent le message destiné à Cléon du message communiqué à Cléon. Derrida explique encore qu'"il faut qu'un intervalle sépare [un élément] de ce qui n'est pas lui pour qu'il soit lui-même." [16] Le jeu de la différance est lui-même producteur des différences entre O_1 et O_2.

> La différance sera non seulement le jeu des différences dans la langue mais le rapport de la parole à la langue.

A ce sujet, on pourrait ajouter que ce rapport de la parole à la langue permet le glissement de sens inhérent aux relations différentes: sujet-adjuvant (S → A) et adjuvant-objet de désir (A → O).

> La pratique de la langue ou du code [suppose] un jeu de formes, sans substance déterminée et invariable, [suppose] aussi dans la pratique de ce jeu une rétention et une protention des différences, un espacement et une temporisation, un jeu de traces. [17]

La conceptualisation de l'objet communiqué est rendue possible grâce aux éléments de *temporisation* et d'*espacement* qui sont immanents au stratagème du sujet. La relation entre le message et le code, entre les mots articulés aux oreilles de Cléon et le système d'Aminte auquel ils appartiennent, est la clef essentielle du programme narratif.

Le détour que le message est obligé de suivre signale après tout la déviation d'un chemin direct. Aminte, en prenant un moyen tout à fait indirect pour arriver à ses fins, veut que le décodeur en tienne compte. [18] C'est à Cléon donc de reconstruire le contexte du message, d'en déduire le référent en rebroussant chemin afin de repérer les différences entre O_1 et O_2. Alis, qui répète à trois reprises "mot pour mot" ce qu'Aminte lui confie, est en train de produire juste le résultat qu'elle croit empêcher. Effectivement, la récurrence du processus de communication fournit le cadre dans lequel la différance peut fonctionner et où les différences peuvent ressortir. La vieille gouvernante prude(nte) réussit, comme par un coup de baguette magique, à rien de moins qu'à transformer une plainte en une entrée libre dans l'exposition personnelle des estampes japonaises d'Aminte.

Pour récapituler, *La Confidente sans le savoir, ou le stratagème* raconte l'histoire d'une partie de communication différée où l'un découvre son jeu aux autres d'une façon masquée et, au surplus, se propose comme enjeu au beau gagnant. Le contexte du conte est tel que la parole est dissociée du locuteur, et que cette disjonction impose un choc provisoire de non-sens au destinataire. Petit à petit le non-sens s'explique par la révélation des processus sémiotiques qui informent la structure du récit: (1) la manipulation par le sujet, (2) la modalisation par l'adjuvant, et (3) l'établissement de la véridiction par l'objet, qui s'organisent en un système signifiant. L'espérance du plaisir sensuel assure la rentabilité, si l'on veut, de l'entreprise. Encore selon Pascal, "La concupiscence et la force sont les sources de toutes nos actions. La concupiscence fait les volontaires, la force les involontaires."[19] Mais celle-ci est une histoire qui valorise en même temps le savoir. N'oublions pas que le titre du conte y fait doublement allusion—primo, en signalant son manque chez la confidente; secondo, par les sens dénotatif et connotatif du mot *stratagème*. Une fois que Cléon a compris les implications des structures volitive et déontique et doit choisir entre eux, il opte pour la première. La volitive semble favorisée dans cette instance par le savoir; peut-être que le savoir fait pencher la balance. "Je l'aime aussi, *tant* pour son stratagème/ Que pour ses traits," avoue-t-il. Equilibre délicat entre les attractions de la chair et de l'esprit. On peut dire effectivement que le jeu du langage égale la langue du "je."

5. *Le Faiseur d'oreilles et le raccommodeur de moules*

l'intertextualité

Intertextualité

Dans la Préface à la Deuxième Partie des *Contes et nouvelles en vers* publiée
en 1666, La Fontaine, parlant de lui-même à la troisième personne, s'adresse
à la question du rapport indéniable entre ses textes et des contes d'autres
auteurs:

> Venons à la liberté que l'auteur se donne de tailler dans le bien d'autrui
> ainsi que dans le sien propre, sans qu'il en excepte les nouvelles même
> les plus connues, ne s'en trouvant point d'inviolable pour lui. Il re-
> tranche, il amplifie, il change les incidents et les circonstances, quel-
> quefois le principal événement et la suite; enfin, ce n'est plus la même
> chose, c'est proprement une nouvelle nouvelle.

Une étude sérieuse des notions de différence et de répétition chez La Fontaine
ne peut guère se passer d'une discussion de l'intertextualité. A force de re-
trancher, d'amplifier, de changer, notre auteur donne naissance à un texte qui
est "proprement une nouvelle nouvelle," c'est-à-dire une reprise de certaines
formules narratives qui sont déplacées et détournées par rapport à leur contexte original. La "nouvelle nouvelle" n'a rien de redondant, rien du moins
au niveau du signifié. Elle représente chez La Fontaine le renchérissement sur
une base littéraire connue: "nouvelle" signifiant différent ou autre, conjointe
à "nouvelle" dans le sens de récit. La remarque de Valéry sur la génération de
résultats dans les sciences et dans les arts s'avère particulièrement proche du
message de La Fontaine: "toujours *ce qui se fait* répète *ce qui fut fait*, ou le
réfute: le répète en d'autres tons, l'épure, l'amplifie, le simplifie, le charge ou
le surcharge; ou bien le rétorque, l'extermine, le renverse, le nie." [1] Alors que
Valéry professe une vérité universelle, La Fontaine se limite dans cette Préface à commenter sa propre écriture. Pourtant, la relation traitée par les deux
auteurs entre un résultat présent et ce qui le précède est capitale. La transfor-

mation, élément fondamental évoqué les deux fois, se présente comme une force médiatrice qui permet "ce qui fut fait" d'évoluer en "ce qui se fait." La transformation représente, en outre, l'essentiel du concept de l'intertextualité.

Certes, signaler la similitude entre La Fontaine et ses prédécesseurs ne constitue aucune révélation littéraire. On ne divulgue pas de secret en affirmant que ses contes sont tirés de Boccace, de l'Arioste, de Marguerite de Navarre, des *Cent Nouvelles nouvelles*, de Des Périers et d'autres encore. De fait, l'oeuvre de La Fontaine n'a jamais été exempte de la chasse aux sources, tradition littéraire léguée jusqu'aux chercheurs de nos jours. Les générations de critiques ont fait toutes les démarches pour identifier le(s) texte(s)-"source" de tel ou tel conte. Ils ont vaqué à cette tâche textuelle avec sérieux et avec détermination à tel point qu'il n'existe guère d'autres travaux sur les *Contes*. (Des deux livres abordant exclusivement les *Contes* de La Fontaine et publiés dans la dernière décennie, l'un—celui de John Lapp—est consacré presque entièrement à une comparaison avec les sources.) Or, le problème des sources se montre peu problématique car les textes servant de modèle sont reconnus ouvertement par l'auteur. Affichée carrément dans la grande majorité des contes, la mention de la source paraît soit dans le titre même (e.g., *Conte tiré d'Athénée*), soit en sous-titre (e.g., *La Coupe enchantée: nouvelle tirée de l'Arioste*), soit intégrée à l'énonciation énoncée du prologue (exemples ci-dessous). Tout jeu de devinettes à cet égard reste inintéressant.

Certes, les lecteurs de l'époque ne se seraient pas interrogés sur les antécédents des histoires que raconte La Fontaine. Ces histoires font partie d'un ensemble de conventions et de traditions littéraires dont certaines datent du Moyen âge. Les lieux communs ne demandent pas à être démystifiés. M. Foucault nous rappelle qu'"il y eut un temps où ces textes qu'aujourd'hui nous appellerions 'littéraires' (récits, contes, épopées, tragédies, comédies) étaient reçus, mis en circulation, valorisés sans que soit posée la question de leur auteur."[2] Si La Fontaine s'érige tout de même en tant qu'auteur, il travaille avec des matériaux de seconde main autant dans les *Fables* que dans les *Contes*. Mais avancer qu'il n'est pas l'inventeur de ses histoires ne fait pas de surprise. Au contraire. La conception de l'*inventio* préconisée à la Renaissance porte sur la redécouverte et le remaniement des textes pré-existants, sur la re-présentation du familier plutôt que sur l'originalité du sujet.[3] Walckenaer, à l'appui de cette conception, dit "que le véritable poète est toujours créateur, soit qu'il emploie des pensées ou des fictions connues de tous, ou qu'il en enfante de nouvelles....Voilà pourquoi ce qu'on appelle invention du sujet, combinaison nouvelle, d'événements, est compté pour si peu en poésie."[4] C'est plutôt "l'empreinte de son génie" qui compte pour beaucoup et qui constitue finalement la différence au sein de la répétition de fictions.

Vu que les sources sont données gratuitement, on ne devrait se contenter ni de les nommer, ni de les citer en extrait. Les montrer côte à côte avec des textes lafontainiens serait également insuffisant. A l'égard de l'étude des sources, Wellek et Warren ont mis le doigt il y a bien des années sur le coeur du problème: "The real critical problems in this kind of study arise when we reach the stage of weighing and comparing, of showing how one artist utilizes the achievements of another artist, when we watch the *transforming power*." [5]

La notion contemporaine de l'intertextualité est peut-être exposée le mieux par J. Kristeva qui insiste sur cet élément essentiel de transformation. Tout texte "est une permutation de textes, une intertextualité: dans l'espace d'un texte plusieurs énoncés, pris à d'autres textes, se croisent et se neutralisent." Ou encore, elle parle de construction textuelle "comme mosaïque de citations" ou comme "le lieu de croisement de plusieurs codes." [6] La rencontre et le croisement de codes et de citations dans un espace discursif est, en fait, un *sine qua non* de l'écriture ("necessarily intertextual nature of formal utterance"). [7] Il se peut que l'origine de ces codes soit ignorée ou perdue mais les codes sont imbriqués néanmoins dans le tissu du texte, selon les présuppositions logiques du contexte discursif considérées par J. Culler. L'intertextualité est apte à se manifester soit par des citations ou d'autres références explicites, soit d'une manière implicite par des conventions et par une absorption générale et profonde d'élements étrangers. Exemplaire de ce dernier type serait l' "idéologème" proposé par Kristeva, "cette fonction intertextuelle que l'on peut lire 'matérialisée' aux différents niveaux de la structure de chaque texte, et qui s'étend tout au long de son trajet en lui donnant ses coordonnées historiques et sociales." [8]

En ce qui concerne les relations intertextuelles, l'explicite ne manque pas chez La Fontaine. Le morceau cité de la Préface à la Deuxième Partie n'est qu'un faible rayon par rapport à toutes les références qui paraissent dans ses textes. Les prologues d'un certain nombre de contes semblent contenir le gros des allusions aux sources et ils se trouvent souvent même à partir du premier vers. Vues ensemble, ces références fournissent une sorte de traité sur le rôle du conteur avec des remarques générales sur le genre littéraire en question. Les segments narratifs que représentent ces prologues constituent en termes sémiotiques l'énonciation énoncée, présupposant un écart actantiel, temporel, et spatial du reste de l'énoncé qui suit, et permettant à l'énonciateur (disons aussi l'auteur en l'occurrence) de façonner le rapport entre l'énonciation énoncée et le récit. Ce faisant, il introduit son propre texte dans l'espace discursif et l'offre comme participant au "dialogue intertextuel." [9]

Boutiques aux contes usés

Il n'est rien qu'on ne conte en diverses façons:
. . . .

Chacun y met du sien sans scrupule et sans crainte;
. . . .
Je me suis écarté de mon original:
On en pourra gloser; on pourra me mécroire;
    Tout cela n'est pas un grand mal;
    Alaciel et sa mémoire
Ne sauraient guère perdre à tout ce changement.
J'ai suivi mon auteur en deux points seulement,
    Points que font véritablement
    Le plus important de l'histoire.

Nous avons déjà vu dans le Chapitre 2 sur *La Fiancée du roi de Garbe* qu'en effet Alaciel n'a rien perdu; c'est-à-dire, "sa mémoire" a sûrement profité de la version de La Fontaine suivant celle de Boccace. A part le jugement de valeur, ce début de conte soulève un point intéressant, à savoir que les deux facteurs—le "sien" mis par chacun, et l'original—cohabitent d'une manière prospère. De cela découle une prémisse de base: mettre du sien dans un texte pré-existant, qu'il soit anonyme ou connu, est tenu pour principe de la régénération virtuelle de toute matière narrative ("Il n'est rien qu'on ne conte en diverses façons"). Toute histoire est susceptible d'être ré-écrite à la guise du conteur, ainsi que toute nouvelle re-nouvelée. Les "diverses façons" témoignent de l'inlassable conjonction de la différence et la répétition. Dans la Préface de 1666 citée plus haut, La Fontaine ajoute, "Jamais ce qu'on appelle un bon conte ne passe d'une main à l'autre sans recevoir quelque nouvel embellissement," son dernier mot atténuant modestement le degré de son apport personnel. Le jeu entre l'emprunt et l'empreinte particulière informe l'éventuel nouveau conte et caractérise la transformation entre les deux états discursifs. Reprendre mais aussi redonner, il s'agit de faire un "don" différent.

Mais avec l'idée d'un original survient celle de l'originalité et, à son tour, le problème de la copie. A ce propos, Boileau a commenté le *Joconde* de La Fontaine et son rapport avec le *Roland furieux* de l'Arioste. Bien que La Fontaine ait pris son sujet du conteur italien, "il s'est rendu maître de sa matière: ce n'est point une copie qu'il ait tirée un trait après l'autre sur l'original; c'est un original qu'il a formé sur l'idée qu'Arioste lui a fournie." [10] Dans le sens où la copie diffère de l'original, la copie devient un deuxième original. "Maître de sa matière" s'oppose logiquement à serviteur de la matière d'autrui, où autrui n'est que fournisseur de matières premières. De nos jours, le concept de l'originalité est étroitement lié à l'unicité, et se revêtent toutes deux d'une forte valeur positive. Ce qui ressemble à une occurrence antérieure tombe en dehors de cette catégorie, se dit "répétitif", assume une valorisation plutôt négative. "But the expectation of originality itself is a convention, a shared contract between the audience and the writer," [11] et ce rappel de P. Haidu à une vérité esthétique nous renvoie en même temps aux conventions esthétiques du dix-septième siècle. Eviter la répétition d'un sujet, chercher à tout prix l'invention d'une fiction n'ont pas de sens dans ce contexte historique. L'original auquel La Fontaine fait allusion dans le prologue de *La Fiancée du roi de Garbe* est simplement un repère sur une ligne temporelle dans l'espace littéraire, et non pas un jugement quelconque. Car, assurément, avant Boccace il y eut sur cette ligne Xénophon d'Ephèse, Héliodore, les Maures d'Espagne et ainsi de suite. Peut-être l'originalité existe-t-elle en fonction de la mesure de visibilité des transformations opérées sur les soi-disant sources. Selon Valéry, "nous disons qu'un auteur est *original* quand nous sommes dans l'ignorance des transformations cachées qui changèrent les autres en lui; nous voulons dire que la dépendance de *ce qu'il fait* à l'égard de *ce qui fut fait* est excessivement complexe et irrégulière." [12] Et E. Saïd a l'air d'y concourir: "Because originality becomes harder to discern, its characteristics are more and more finely defined. In the end originality has passed from being a Platonic ideal to becoming a variation on a pattern." [13] Les uns proclament que rien n'est original; les autres que tout l'est ("An act of speech in any form whatever should... contain some portion of uniqueness," dit Koch). [14] Ce qu'il faut surtout retenir à cet égard est le fait que les conventions de l'époque de La Fontaine permettaient et approuvaient la reprise de formules littéraires déjà connues, et que l'originalité, à l'encontre de l'esthétique moderne, n'avait pas de valeur positive inhérente. Le système du "texte clos," tel qu'il est conçu par J. Kristeva, [15] dans lequel le lecteur sait dès le début comment l'histoire se terminera, fonctionne d'une façon semblable ici. Le "sans scrupule et sans crainte" avoué dans *La Fiancée*, avec quoi chaque conteur incorpore du sien dans le fonds commun, reflète un consentement formel à la jonglerie textuelle.

> Voici le fait, quiconque en soit l'auteur:
> J'y mets du mien selon les occurrences,
> C'est ma coutume; et, sans telles licences,
> Je quitterais la charge de conteur.

Ces vers tirés de *La Servante justifiée* expriment une position un peu plus radicale. Non seulement les licences sont admises mais elles constituent même le droit et l'obligation de l'emploi. Ainsi, "la charge" fait de la différence une responsabilité, quel que soit le texte de départ. On peut concevoir l'énonciateur-conteur fixé sur un continuum infini d'énoncés, se trouvant entre un énoncé-passé d'un côté, et un énoncé-futur qu'il créera lui-même de l'autre. L'étape intermédiaire de l'énonciation énoncée est ce qui est matérialisé dans les prologues; elle est dominée par le "je" qui précède logiquement et graphiquement une troisième personne narrative et qui suit la troisième personne absente du conte précédent. Quant au prédécesseur, il n'y en a pas qu'un:

> Boccace n'est le seul qui me fournit:
> Je vas parfois en une autre boutique.
> . . . .
> . . . . . comme il faut manger de plus d'un pain,
> Je puise encore en un vieux magasin;
> Vieux, des plus vieux, où Nouvelles nouvelles
> Sont jusqu'à cent. . . .
> . . . .
> Pour cette fois la reine de Navarre
> D'un *C'était moi*, naïf autant que rare,
> Entretiendra dans ces vers le lecteur.

Il est vrai que Boccace lui fournit de biens plus souvent qu'aucun autre auteur. Sur les environ soixante-dix contes de La Fontaine dix-neuf viennent du *Décaméron*. Mais, comme le signale l'extrait de *La Servante justifiée*, notre auteur se nourrit de mets variés, le plus fréquemment de la France et de l'Italie. Les *Cent Nouvelles nouvelles* et l'*Heptaméron* de Marguerite de Navarre dont ce texte fait mention fournissent onze et deux modèles respectivement. Bonaventure des Périers, Rabelais, l'Arioste, Scarron, Athénée, Machiavel, l'Arétin, et Pétrone figurent tous sur la liste des "boutiques" fréquentées par La Fontaine. (Six contes seulement, sans aucune source formelle patente, semblent être entièrement inventés ou basés sur des événements réels, *viz. Conte d'une chose arrivée à Château-Thierry, Conte de* ****, *Le Baiser rendu, Comment l'esprit vient aux filles, Les Troqueurs, Le Remède.*) Les signes de reconnaissance visibles dans les prologues, signes qui ressemblent parfois à des gestes de tirer son chapeau, forment à la fois (1) un lien important à l'Histoire, s'y identifiant en tant que phénomème diachronique, et (2) une rupture de tout discours antérieur, de tous les "déjà-énoncés." Ces remarques préliminaires préparent une conjonction et une disjonction simultanées qui désignent le rapport à la fois de similitude et de dissemblance avec les histoires du *Décaméron*, de l'*Heptaméron*, etc. L'intérêt manifesté sur l'aspect continu de ces textes "nouveau-nés" par des références explicites et nombreuses aux "vieux magasins" produit l'effet de renvoyer l'attention sur le déplacement et le détournement qu'ils ont subis entre-temps. La continuité dans la répétition des vieilles histoires est contrebalancée par la discontinuité de l'acte de commencer à nouveau. En ce qui concerne l'intention implicite dans un commencement, E. Saïd prétend que "beginning is basically an activity which ultimately implies return and repetition rather than simple linear accomplishment" et en même temps que "beginning is *making* or *producing difference*." [16]

Dans *La Matrone d'Ephèse*, au lieu de constater simplement qu'il s'écarte d'un original quelconque, La Fontaine évoque le pourquoi de la situation:

S'il est un conte usé, commun, et rebattu,
C'est celui qu'en ces vers j'accommode à ma guise,
    "Et pourquoi donc le choisis-tu?
    Qui t'engage à cette entreprise?
N'a-t-elle point déjà produit assez d'écrits?
    Quelle grâce aura ta Matrone
    Au prix de celle de Pétrone?
Comment la rendras-tu nouvelle à nos esprits?"
Sans répondre aux censeurs, car c'est chose infinie,
Voyons si dans mes vers je l'aurai rajeunie.

Sans vouloir pardonner la harangue habituelle des censeurs, les questions posées sont quand même intéressantes. En premier lieu, pourquoi choisir un texte qui a déjà servi maintes fois à d'autres auteurs? Deuxièmement, comment celle-ci sortira-t-elle de la compétition entre versions rivales? Et enfin, comment rendre nouveau, différent, un conte si usé? Réponse possible à la première question: tout le monde le fait! A la deuxième nous dirions qu'il n'y a pas de prix dans ce concours. Quant à la troisième, c'est ce que nous examinerons dans les pages suivantes sur *Le Faiseur d'oreilles et le raccommodeur de moules*. Car finalement, en évitant de répondre directement à ces points d'interrogation, La Fontaine ouvre la voie à son oeuvre elle-même: "Voyons si dans mes vers...." Il est sûr d'abord que l'intertextualité invoque les fonctions dominantes de la répétition et de la différence, et ensuite que cette paire de fonctions coexistent dans le cadre des transformations narratives continuelles. L'expression homonyme "nouvelle nouvelle" reflète le rapport entre la réalité individuelle et le phénomène général; en analysant ce reflet, "we do not degrade the individual to a mere specimen of a general concept but instead give significance to the individual." [17]

A part ces passages assez substantiels traitant l'intertextualité explicitement, d'autres références aux conteurs célèbres de jadis sont parsemées un peu partout dans le corpus. Celles-ci, situées pour la plupart également en début de conte, sont moins détaillées comme si dites en passant—par exemple, "Maître François [Rabelais] dit que Papimanie/ Est un pays où les gens sont heureux" (*Le Diable de Papefiguière*). Ou encore,

> Un roi lombard (les rois de ce pays
> Viennent souvent s'offrir à ma mémoire):
> Ce dernier-ci, dont parle en ses écrits
> Maître Boccace, auteur de cette histoire...

(Le Muletier)

où l'on sent ici et là des échos de Maître Renard dans ces traits mélangés de vénération, de parodie, et de retenue.

> ...à l'égard du Boccace:
> Car, quant à moi, ma main pleine d'audace
> En mille endroits a peut-être gâté
> Ce que la sienne a bien exécuté.

(Les Quiproquo)

Autrement, il y a des allusions plutôt implicites du genre "l'histoire dit que," "à ce que dit l'histoire," "l'histoire dit que c'était bagatelle," "chaque femme, ce dit l'histoire," etc. Le lexème *histoire* paraît 37 fois dans les *Contes*; dans la plupart des cas on dirait qu'il s'agit d'une histoire qui parle du fond des âges et qui est seule responsable du contenu. Gardons toutefois dans la discussion suivante le sens bipolaire du mot: la force diachronique prêtant des coordonnées culturelles familières, et l'événement narratif de nature synchronique vu comme unité sémiotique discrète.

La Fontaine et "le bien d'autrui": chacun a son tour

La Fontaine sous-titre son *Faiseur d'oreilles et le raccommodeur de moules* "conte tiré des *Cent Nouvelles nouvelles* et d'un conte de Boccace." La plupart des éditeurs signalent en surplus une nouvelle des *Nouvelles récréations et joyeux devis* de Bonaventure des Périers. "Par une singulière distraction" La Fontaine n'a pas cité Des Périers avec les deux autres quoique celle-là semble être "la vraie source," nous renseigne l'un des éditeurs.[18] Or, dans le cadre de l'intertextualité, il ne peut y avoir ni de "vraie" source, ni de "fausse" source; l'idée même y devient caduque. Les relations des trois textes antérieurs avec le conte de La Fontaine sont toutes aussi valables les unes que les autres. Dans les termes de Kristeva, "tout texte est d'emblée sous la juridiction des autres discours qui lui imposent un univers: il s'agira de le transformer.... Tout énoncé est un acte de présupposition qui agit comme une incitation à la transformation." [19]

L'univers diégétique dans lequel fonctionne *Le Faiseur d'oreilles et le raccommodeur de moules* consiste au moins en partie en la nouvelle viii, VIIIe journée du *Décaméron*, en la nouvelle III des *Cent Nouvelles nouvelles*, et en la nouvelle IX de Des Périers. Si l'on ajoute le conte de La Fontaine publié en 1666, on compte environ un siècle de distance entre chacun de ces quatre textes. Nous les juxtaposons dans l'intention d'examiner d'un point de vue structural leurs ressemblances et leurs différences. Ensuite, une fois les transformations constatées, il restera à déterminer quel effet elles produisent sur la signification.

En abrégé, les quatre textes racontent l'histoire de deux couples dont la voisine n°1 est séduite par le voisin n°2, après quoi la vengeance du mari n°1 prend la forme d'une séduction de l'épouse de l'autre: Q.E.D. revanche égale répétition! Cette formule narrative, où la séduction dépend d'une ruse, et la revanche d'une confession de la femme naïve, jouit d'une grande popularité parmi les conteurs de l'Europe occidentale pendant le Moyen âge et la Renaissance. [20] C'est une formule connue sous la rubrique de "trompeur-trompé," qui dépeint la loi du talion et met en oeuvre la structure d'échange. Le narrateur du conte de La Fontaine s'explique sur ce point: "il ne fit nulle grâce/ Du talion, rendant à son époux [de la voisine n°2]/ Fèves pour pois, et pain blanc pour fouace." En parlant du *Décaméron*, T. Todorov suggère que "l'unité sémantique des nouvelles se réalise dans le thème de l'*échange faussé*." [21] Et, à propos d'une nouvelle du même type de Philippe de Vigneulles, A. Kotin indique l'application de la *lex talionis*—"Reflecting the alternating roles of victim and perpetrator, there is a dual structure throughout." [22]

Il va sans dire que la formule narrative engendre des variantes. Nous nous référerons au cours de cette analyse au Tableau 5.1 (p. 90) du parcours syntagmatique des quatre versions textuelles. Dans l'ordre chronologique avec La Fontaine en bas de page, ce schéma sert à mettre en valeur les points identiques et divergents des structures narratives de surface avec le jeu de sélection et de combinaison réalisé par notre auteur. Dans une discussion de l'originalité, E. Saïd prétend que "a writer's responsibility is to control this [combinatorial] play, which still leaves entirely up to him such matters as his point of departure, the center around which his writing is built, and so on." [23]

Comme point de départ de l'analyse, il n'est peut-être pas inutile de comparer les textes au niveau discursif, c'est-à-dire de regarder leur thématisation et leur figurativisation. Le titre "Le Faiseur d'oreilles et le raccommodeur de moules" annonce d'emblée une certaine unicité par rapport aux autres textes en raison de la nouveauté de sa formulation figurative. Son investissement sémantique relève d'une catégorie sémique artisanale tout en se rapportant aux parties du corps—oreille d'enfant, et moule (matrice) qui le conçoit et le reproduit. Ainsi, dans le conte de La Fontaine, la première séduction a lieu sous le prétexte du voisin André de "forger" l'oreille qui manque au foetus; ce "service" est rendu à la voisine Alix qui est enceinte, par hasard, et plutôt bête, par nature. Alix fait le récit de ce geste amical à son mari Guillaume rentré d'un voyage d'affaires. Lui, ayant bien réfléchi au moyen de "remercier" son voisin, se décide alors à prendre la revanche. Ce qu'il prend, c'est la femme d'André. Il raisonne ainsi en la jetant sur le lit, "Tous vos enfants ont le nez un peu court;/ Le moule en est assurément la cause./ Or je les sais des mieux raccommoder." De l'acte de Guillaume, il faut dire deux choses. Primo, "il voulait son honneur réparer" et il exerce des représailles par la meilleure "porte." Secondo, non seulement il a vengé un affront, mais il a su renchérir sur le tour d'André en le faisant assister à la cérémonie de cocuage.

On suppose que le texte de Des Périers a été désigné la soi-disant "vraie source" de La Fontaine à cause du rapprochement au niveau figuratif: la nouvelle IX s'intitule "De celui qui acheva l'oreille de l'enfant à la femme de son voisin."[24] En effet, la première partie de cette nouvelle est représentée exactement de la même façon que chez La Fontaine, de la grossesse de la femme jusqu'au nom propre du séducteur. Ici aussi la femme raconte après coup à son mari l'histoire de l'oreille achevée. Mais là se termine l'identité. Point de deuxième séduction dans cette version.

Quoiqu'outragé, "de grand menasseur peu de fait"—le mari menaçant se trouve apaisé "pour une couverte de Cataloigne que luy donna le sire André."

En remontant au 15e siècle, nous rencontrons dans la troisième nouvelle des *Cent Nouvelles nouvelles* une figurativisation entièrement différente. Il s'agit cette fois d'un chevalier qui avertit la "simple musniere," sa voisine, qu'elle risque de perdre le "meilleur membre de son corps." "M'amye, dist il, affin de garder vostre devant de cheoir, le remede si est que plus tost et souvent que pourrez le facez recoigner."[25] Le voisin a, bien entendu, l'amabilité de s'offrir à la besogne celui de repousser les parties sexuelles de la meunière. Le meunier retourne "de sa marchandise" et écoute sa "tressage" femme raconter la chose, "affin que le sachez remercier" dit-elle. A son tour, le mari offensé conçoit un stratagème pour se venger du chevalier. La femme de celui-ci se laisse convaincre qu'elle a perdu son diamant pendant son bain, que ce diamant est sans aucun doute entré dans son corps, et qu'il faudrait nécessairement l'en tirer. Voici la suite: "Madame, encores sur le lit couschée, fut mise par le musnier tout en telle fasson que monseigneur mettoit sa femme quand il luy recoignoit son devant, et d'un tel oustil fit il la tente pour querir et pescher le dyamant." Lorsque le chevalier fut rentré à la maison (car lui aussi était en congé), sa femme raconte "la tresmerveilleuse adventure de son dyamant" tout comme a fait la meunière à son mari. La conséquence de ces aventures veut qu'à la rencontre subséquente des deux époux ils forment un pacte de n'en plus jamais parler—"tays toy de moy et si feray je de toy."

En quatrième lieu, il y a la nouvelle du *Décaméron* de Boccace que La Fontaine est censé avoir lu dans la traduction d'Antoine Le Maçon, secrétaire de la reine de Navarre.[26] La variante italienne est présentée ainsi: "Deux hommes mariez frequentans journellement ensemble, l'un coucha avec la femme de l'autre; lequel s'en estant aperceu fit si bien avec la femme de son compagnon, qu'ils l'enfermerent dedans un coffre, sur lequel il jouyt de sa femme." Dans les deux liaisons sexuelles ici, la seconde est la seule qui ressemble aux séquences respectives des autres textes, en ce qu'elle répète l'affront original par une vengeance rusée. La première séquence diffère fondamentalement de celle des autres versions par l'accord implicite entre les deux amants ou, autrement dit, par le manque de séducteur dominant. Etant donné cette différence, une autre s'y ajoute; Zeppa, le mari offensé, surprend sa femme en flagrant délit avec Spinelloccio, le témoignage direct suppléant ainsi au dispositif du récit naïf. Pour revenir à la vengeance, on serait en droit de signaler de fortes similitudes avec la scène du raccommodeur de moules chez La Fontaine. "Qui a fait vilenie à autruy, est subject à le recevoir de luy plus grande" proclame à propos une des dames de la compagnie du *Décaméron*. Zeppa, comme Guillaume, orchestre avec l'aide de sa femme un tableau avec l'offenseur littéralement coincé et par conséquent assujetti à une répétition de son propre jeu. Alors qu'André se cache dans la ruelle du lit en attendant le spectacle monté en son (dés)honneur, chez Boccace, Spinelloccio assiste aussi à l'événement mais lui, enfermé dans un coffre, *sent* sur sa tête "la dance de l'ours." Pourtant, la version italienne continue après la réparation de l'honneur de Zeppa. Au contraire de la situation des *Cent Nouvelles nouvelles* où il s'établit un silence réciproque, ici se conclut une sorte de contrat entre les maris redevenus amis: "n'estant autre chose à partir entre nous deux que noz femmes, je suis d'avis que nous les mettions à butin." Quitte l'un envers l'autre, ils fournissent le fond(s) d'un échange à tout jamais.

Ayant vu les relations intertextuelles au niveau de la discursivisation, procédons à la comparaison par la grammaire narrative. En ce faisant, retournons aussi au Tableau 5.1 qui dresse le bilan des quatre textes. Nous avons trouvé expédient de concevoir le déroulement syntagmatique de l'ensemble des nouvelles sous la forme de deux programmes narratifs liés par une séquence médiatrice. Dans les cas du *Décaméron* et des *Cent Nouvelles nouvelles* il existe une suite à cette configuration—encore une médiation en une séquence finale. Les textes de Des Périers et de La Fontaine se terminent carrément à la fin du deuxième programme narratif. Bien entendu, cette représentation réductive du parcours narratif serait susceptible d'expansion, si l'on voulait, en programmes narratifs d'usage qui sont présupposés par la performance. Le syncrétisme des actants à travers les programmes—surtout de sujet (S_1 & S_2) et d'opposant (T)—est caractéristique de cet agencement structural.

Distribution actantielle:

PN1	PN2
S_2 = voisin (mari n°2)	S_1 = voisin (mari n°1)
O_1 = femme du mari n°1	O_2 = femme du mari n°2
T = mari n°1 (S_1)	T = mari n°2 (S_2)
	[A = femme du mari n°1]

Si l'on commence par examiner le faire performatif du premier programme narratif (PN1), on s'aperçoit tout de suite qu'il est identique dans toutes les cases du Tableau—($S_2 \wedge O_1$). Le voisin-sujet réalise la conjonction avec son objet de désir, la voisine. Le mari de O_1, l'opposant en l'occurrence (il jouera le rôle de sujet dans PN2), est absent et donc disjoint de O_1 ($S_1 \vee O_1$) dans toutes les versions de l'histoire sauf dans celle de Boccace. Dans les mêmes trois, la performance de S_2 s'exécute grâce à une compétence dont il se vante—non pas le vouloir qui est pratiquement nié au niveau discursif, même s'il sous-tend le programme, mais le savoir indispensable à corriger le problème supposé de l'objet. Le fait d'afficher ce savoir spécifique (tantôt celui de parfaire l'oreille, tantôt de recoigner le devant) et surtout d'en diagnostiquer le besoin servent de dispositifs à la manipulation d'un actant par l'autre. Etant donné ces circonstances et, non moins important, le non-savoir (naïveté) explicite de O_1, ce dernier ne peut pas manquer de succomber.

Chez Boccace, le faire du sujet reste le même mais le moyen d'y parvenir diffère des autres textes. La conjonction ($S_2 \wedge O_1$) ne dépend ni d'une disjonction préalable de l'opposant (S_1), ni d'une manipulation de la part d'un sujet-séducteur. Ici, en revanche, S_2 se conjoint avec O_1 par une relation contractuelle dans laquelle les deux actants sont parties égales et où il n'existe pas de rapport de domination.

Ensuite se place la séquence médiatrice qui distingue en effet ces contes d'une simple histoire de la ruse amoureuse. Ce n'est pas que le stratagème en lui-même ne nous intéresse pas; c'est que l'enfilade du "faiseur d'oreilles" et du "raccommodeur de moules," par exemple, présente des qualités spéciales. Afin que l'un mène à l'autre dans ce contexte, il faut une étape intermédiaire pour relier l'actant S_1 au développement syntagmatique. Toujours dans les mêmes trois textes—les *Cent Nouvelles nouvelles*, Des Périers, La Fontaine—une communication a lieu entre O_1 et S_1 qui sont rejoints après la conjonction performative de PN1. Le faire communicatif demande, ironiquement, un état de non-savoir (naïveté) chez le destinateur (O_1) qui transfère verbalement au destinataire (S_1) les faits divers concernant le contenu du premier programme narratif. Ce qui est communiqué à S_1 est bien plus facilement déchiffrable au niveau de la véridiction que le message envoyé à Cléon dans *La Confidente sans le savoir* (v. le Chapitre 4). Le récit du service rendu par le voisin obligeant est reçu par un mari peu complaisant. Cet acteur sait différencier l'être du paraître et il fondera son propre programme narratif (PN2) sur cette interprétation. On peut dire également que la passion suscitée chez S_1 par l'action précédente de S_2 le poussera à accomplir à son tour une action adéquate.

Dans le conte du *Décaméron*, la communication de la séquence médiatrice est plutôt visuelle que verbale. Vu qu'il n'y avait pas de véritable disjonction spatiale entre S_1 et O_1 au moment de la conjonction ($S_2 \wedge O_1$), la transgression risquait de se laisser découvrir. Et celle-ci en particulier représente une transgression criarde puisque cette fois O_1 n'a pas été manipulé et ne peut pas prétexter l'ignorance. Mais si l'opposant (S_1) s'aperçoit par hasard d'un jeu d'amour dans une chasse gardée, il n'en parlera que pour enrôler un des coupables (O_1) dans la vengeance sur l'autre. A l'inverse, donc, du sens de la communication dans les autres textes, ici c'est le mari qui raconte à sa femme ce qu'il vient de voir dans le but de faire d'elle un futur adjuvant. En cela, le conte de Boccace ressemble à celui de La Fontaine. Dans l'un comme dans l'autre, le résultat final du récit médiateur marque l'établissement d'un contrat entre S_1 et O_1 (mari et femme) portant sur le *modus operandi* des représailles, c'est-à-dire le plan pragmatique du deuxième programme narratif. Dans tous les cas, la séquence médiatrice contribue à ce que l'occurrence du PN1 ($S_2 \wedge O_1$) produise la récurrence en PN2 ($S_1 \wedge O_2$).

A partir de l'instauration du PN2 on trouve une plus grande divergence des quatre textes. Tandis que le Boccace se distinguait des autres dans la première partie, il se rapproche maintenant du *Faiseur d'oreilles et le raccommodeur de moules*. Parallèlement, le texte de Des Périers cité comme la "vraie source" de la Fontaine semble à ce moment narratif se détourner du parcours suivi non seulement par notre texte de 1666 mais aussi par les *Cent Nouvelles nouvelles* et le *Décaméron*.

Comme nous l'avons déjà dit dans les remarques sur le niveau discursif du conte de Des Périers, il n'y a pas d'autre séduction une fois le premier programme narratif terminé. Précisons à présent ce terme car, faute de conjonction amoureuse, on y voit une sorte de séduction alternative, voire inverse. Dans un état de passion, le sujet déshonoré (S_1) se rend chez S_2 "auquel il dit mille outraiges." Cette communication entre sujets sert à expliciter la relation de confrontation entre eux. S_2 offre aussitôt à S_1 une couverture de Catalogne (O_2) qu'il accepte toute affaire cessante. Donc, c'est l'opposant (S_2) qui séduit le sujet manqué (S_1) afin de détourner ou même d'annuler le programme virtuel de vengeance. La conjonction finale ($S_1 \wedge O_2$) s'intègre sans difficulté dans une structure d'échange: celui qui a pris des libertés avec sa voisine rétablit avec un contre-don l'ancien équilibre.

Quant aux *Cent Nouvelles nouvelles*, le PN2 est une copie exacte du premier programme. Les mêmes éléments sémio-narratifs sont reproduits—l'absence de l'opposant, la manipulation par un sujet qui se vante d'être spécialiste de la crise du jour, et le non-savoir (ici sur un mystère spécifique) de l'objet. La conjonction ($S_1 \wedge O_2$) se réalise, cette fois comme avant, parce que l'objet manipulé est dans une position de contrainte (ne pas pouvoir ne pas vouloir). Par conséquent, le sujet rend le même service, ou un service de valeur équivalente, à son voisin tout en exerçant des représailles. Ainsi, la loi du talion rend pareils "devant" et "dyamant"—deux choses qu'il ne faut surtout pas perdre!

Le lecteur a déjà pu constater que par rapport au premier programme narratif les rôles sont intervertis dans le deuxième: S_1 devient le sujet de son propre programme dans lequel S_2 est l'opposant. En outre, les textes de Boccace et de La Fontaine désignent O_1 pour le rôle d'adjuvant et introduisent eux aussi un nouvel objet de valeur en O_2 (voisine et femme de l'offenseur). Chez ces deux auteurs, S_1 procède plus ou moins de la même façon en PN2 que le sujet du PN1 en ce qu'il manipule d'autres actants pour réaliser sa performance. Seulement, l'opposant et l'objet sont pris tous deux dans le jeu qui consiste, *grosso modo*, à rendre la monnaie de la pièce du voisin. Avec certaines démarches pragmatiques accomplies par l'adjuvant, le sujet fait en sorte qu'il tienne son objet en proie et que l'opposant soit là, présent mais discret. Finalement, S_1 saisit sa proie (tout ainsi que le renard empoigna son fromage) et lui tient à peu près ce langage: "André m'a fait un notable service;/ Par quoi, devant que vous sortiez d'ici,/ Je lui rendrai, si je puis, la pareille." Ces vers de La Fontaine appuyent l'idée des phrases semblables de Boccace.[27] Cet acte de communication qui a lieu avant le coup de la loi du talion fournit à la voisine/victime une certaine cognition dont celle du PN1 était dépourvue. Le message chez les deux auteurs dit que l'action suivante fait partie d'un échange entre S_1 et S_2, un échange initié par S_2, un échange dans lequel S_1 se prépare à faire (et à recevoir) le même don. On remarquera que les deux textes (et non pas uniquement celui de La Fontaine, comme le suggère J. Lapp)[28] font allusion à la possibilité immanente d'un violence qui est heureusement évitée.

Les concepts de rendre le mal pour le mal et de se venger d'un méfait sont peut-être surpassés dans *Le Faiseur d'oreilles* et dans la nouvelle du *Décaméron* par leur réalisation même. Les expressions "rendant.../ Fèves pour pois, et pain blanc pour fouace" de La Fontaine et "vous m'avez rendu pain pour fouasse" dans la traduction de Boccace sont des figures proverbiales signifiant rendre plus qu'on n'en a reçu. (La fouace est une sorte de galette grossière.) Ainsi, l'investissement sémantique de la deuxième performance représente un renchérissement sur la première, mais ce n'est pas simplement à cause de la répétition du faire (S ∧ O). Dans le PN1 l'objet seul est destinataire de l'action; le sujet se contente de faire l'amour avec l'objet de désir. Or, dans le deuxième programme narratif, l'opposant est le destinataire ultime de l'action bien que l'objet en soit le bénéficiaire. Le PN2 montre un déplacement du destinataire du faire (mari → femme) à un objet métonymique: la femme en tant que "moitié" de son mari fait tous les frais de l'échange; littéralement aussi, la femme se trouve dans une position de contiguïté par rapport à son mari caché dans la ruelle/le coffre. Nous jaugeons cependant le renchérissement plus impressionnant chez La Fontaine que chez Boccace. Si l'on compare les deux volets de chaque texte, il est évident que le raccommodeur de moules réussit à doubler le programme initial d'une manière bien plus fidèle que ne le fait Zeppa. Ceci rend tout écart différentiel encore plus significatif. L'histoire de l'oeil pour oeil—ou moule pour oreille —dépeint remarquablement la différence au sein de la répétition—au vu et au su de celui qui se doutait le moins que l'histoire se répète.

Ce déplacement d'objectif s'explique plus clairement en redéfinissant les deux programmes narratifs. Le premier se conçoit à partir d'un désir sexuel alors que le deuxième s'informe d'une recherche de la revanche. Pour revenir à l'idée de Todorov de "l'échange faussé," ces textes sont "un bon exemple pour montrer que des actions substanciellement identiques n'offrent pas, la plupart du temps, le même sens."[29] Les affinités entre les deux structures (PN1 & PN2) sont maintenant évidentes mais ces phénomènes récurrents signifient différemment. Ce tableau des modalités indique qu'il ne s'agit pas exactement d'un jeu de réciprocité (fig. 5.1).

		PN1	PN2
Modalités du sujet	Boccace	vouloir	devoir
	Cent Nouv.	vouloir	devoir
	Des Périers	vouloir	—
	La Fontaine	vouloir	devoir

Fig. 5.1

Le premier programme narratif des quatre textes est caractérisé par un sujet qui agit selon la modalité du vouloir. Le but de son programme est la satisfaction d'un désir par l'obtention de l'objet. En revanche, le deuxième programme narratif se définit plutôt par un devoir-faire nouvellement imposé sur le sujet par suite de l'action entreprise dans le PN1. Ainsi, on pourrait dire qu'un énoncé de faire régi par la catégorie modale volitive suscite un deuxième énoncé de faire régi par la catégorie déontique. Le sujet du PN2 est obligé de sanctionner la transgression de son opposant non pas uniquement pour rendre la justice en termes abstraits. En fin de compte, son devoir-faire est censé lui faire justice à lui-même, c'est-à-dire réinstaurer un énoncé d'état originaire, regagner l'honneur, et reprendre sa place positive dans la structure axiologique des textes.

PN1:   vouloir-faire
PN2:   devoir-faire → vouloir-être

S'il ne peut pas défaire une tromperie, il réussit au moins à donner une réplique habile au héros qui se croyait seul sur scène.

Avant de considérer la composante sémantique du niveau profond des textes, regardons brièvement les séquences finales—des coda narratives— qui closent les contes du *Décaméron* et des *Cent Nouvelles nouvelles*. Nous avons vu que la récurrence de la conjonction amoureuse ($S_1 \wedge O_2$) tient quittes les deux sujets. Pourtant, ces deux textes offrent comme suite un contrat entre S_1 et S_2. Chez Boccace, les sujets se mettent d'accord devant les objets sur la répétition *ad infinitum* de leur système d'échange: $[(S_1 \wedge O_2) + (S_2 \wedge O_1)]^n$. Cet arrangement enlève le fondement de confrontation entre sujets et affirme leur relation d'amitié du début. Par le même principe, l'interdiction qui s'appliquait au faire des deux programmes narratifs est levée en faveur d'une prescription pour le même acte. Donc, cette clôture qui fraye le passage d'un post-texte possède la qualité essentielle de renverser la valorisation de l'action de négative à positive. En ce qui concerne les *Cent Nouvelles nouvelles*, une communication entre O_2 et S_2 (femme et mari puni) précède le contrat en question puisqu'en ce cas-ci le mari ne sait rien jusqu'alors de l'histoire de la "pesche du dyamant." A cause de ce segment, la nouvelle devient structuralement symétrique, composée d'une performance suivie d'une communication d'information qui sont répétées même dans les détails. A la première et seule confrontation entre les deux sujets, chacun reconnaît d'abord le faire accompli par l'autre, ce qui souligne d'une façon réfléchie la symétrie parfaite. Ensuite, leur promesse de garder un silence réciproque s'érige en tant que geste d'effacement. A l'encontre du texte de Boccace, la confrontation finale annonce une disjonction permanente entre sujets et objets qui implique une perception plutôt dysphorique de tout ce qui s'est déroulé.

Passons à une considération de la sémantique fondamentale par deux classes de projections sur le carré sémiotique. D'abord, le jeu de la signification du faire performatif est représenté (fig. 5.2) en relation avec la catégorie de la véridiction.

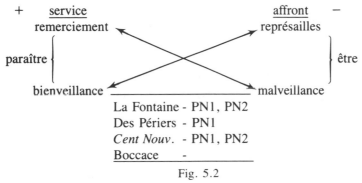

                La Fontaine - PN1, PN2
                Des Périers - PN1
                Cent Nouv. - PN1, PN2
                Boccace   -

Fig. 5.2

Le faire manifesté par la conjonction (S ∧ O) représente en fait l'amalgame de l'être et du paraître, en même temps service et affront, ou remerciement et représailles. Selon le point de vue adopté, c'est soit la bienveillance, soit la malveillance qui motive l'action. Le niveau du paraître présenté par le sujet fonctionne aux yeux de l'objet; le service (faire l'oreille, recoigner le devant) suppose de la bienveillance de la part du faiseur/recoigneur. Parallèlement, le faire interprétatif de l'opposant lui indique que le faire du sujet est en vérité un affront dont le motif doit être la malveillance. L'équilibre entre les deux deixis se maintient d'un programme narratif à l'autre (La Fontaine, *Cent Nouv.*) grâce à l'interversion des actants sous les mêmes structures discursives. Le carré schématise les rapports entre l'acte et sa signification: l'acte d'amour produit des sens différents selon la structure encadrante et assume des valeurs différentes selon le point de vue. L'ironie de la simultanéité des sens contraires est reflétée dans la correspondance des deixis avec les termes de la véridiction. Le paraître reçoit une valorisation positive alors que l'être tombe sur le côté négatif.

Bien sûr, ce carré n'est pas opérant pour toutes les parties de tous les textes, et ceux auxquels il s'applique sont marqués en dessous. Pour la nouvelle de Boccace, la catégorie de la véridiction n'est pas en question parce qu'il n'y a pas de feinte. Quant à Des Périers, le jeu de l'être et du paraître est tronqué au moment où le sujet virtuel du PN2 réprimande verbalement et directement son opposant. Nous voyons ici qu'il s'agit bien de variantes: leurs différences ressortent de plus en plus nettement.

Le deuxième carré projette une série de qualifications attribuées au sujet à différents moments du syntagme. L'énoncé d'état décrivant chaque sujet subit un changement selon que le sujet est conjoint avec l'honneur ou avec le déshonneur. Ces états contraires sont précédés ou suivis de transformations effectuées par des énoncés de faire. Le fonctionnement des textes semble indiquer une relation de complémentarité entre l'honneur et la supériorité, ou la domination du sujet d'un côté, et le déshonneur et l'infériorité de l'autre (fig. 5.3).

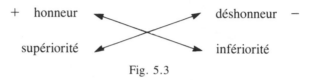

Fig. 5.3

Dans toutes les versions du texte, les deux sujets se situent a priori au haut de la deixis positive conjoints implicitement avec l'honneur. Egalement, les sujets trompés (tous sauf S_2 de Des Périers) perdent l'honneur qu'ils avaient au commencement des récits et ne le récupèrent jamais tel qu'il était. Mais à partir de là, il faut examiner séparément les transformations des actants car c'est ici où les différences les plus profondes se détachent du fond de ressemblance (fig. 5.4).

N.B. S_1 est sujet du PN2; S_2 est sujet du PN1.

Fig. 5.4

Dans *Le Faiseur d'oreilles et le raccommodeur de moules*, S_1 et S_2 sont tour à tour déshonorés mais S_1 (le raccommodeur de moules) finit par faire valoir sa supériorité au détriment de S_2, artisan du premier programme narratif. Même s'il ne parvient pas à regagner entièrement le premier état d'honneur, S_1 retrouve sa valeur positive grâce au renchérissement fait sur la manipulation de l'autre. Il se trouve également que sa revendication exige le dédommagement de S_2 qui, déshonoré, doit reconnaître son infériorité. Donc, on peut tracer un renversement des valorisations entre le PN1 et le PN2: (S_1) −, +; (S_2) +, −. Le faiseur d'oreilles de Des Périers (S_2) reste toujours sur la deixis positive puisque S_1 ne se venge pas. Par surcroît, S_2 se soutient à la fin sur un palier supérieur. Il réussit à détourner l'action de son opposant, à apaiser sa passion violente. Ici il n'y a ni représailles, ni revendication.

La nouvelle III des *Cent Nouvelles nouvelles* montre, à la fin du deuxième programme narratif, deux sujets déshonorés et dotés chacun d'une valeur négative. Toutefois, le texte se termine d'une façon assez ambiguë: la reconnaissance mutuelle dans la dernière séquence leur permet de se racheter sans retrouver pour autant la valorisation carrément positive. Ils se situent dans une position d'égalité l'un par rapport à l'autre, dans les limbes sémiotiques, pour ainsi dire, cette région mal définie avant la rédemption pleine et entière.

Chez Boccace, le schéma doublerait celui de La Fontaine s'il n'y avait pas de séquence finale. Avant cela, Zeppa arrive à prendre le dessus, physiquement même, en soumettant Spinelloccio (dessous, dans le coffre) à la scène de cocuage. Or, la suite de l'histoire égalise les deux sujets. La résolution de répéter la chose bénévolement, quoiqu'elle sanctionne positivement l'acte lui-même, neutralise la valorisation des actants, abolit toute notion de dominant et dominé.

Une autre conclusion à tirer de ces schémas est qu'uniquement chez La Fontaine y a-t-il un gagnant: le raccommodeur de moules (S_2) gagne visiblement plus qu'il ne perd et fait charlemagne (comme le roi de coeur) en se retirant aussitôt du jeu. Le Zeppa de Boccace déchoit volontairement par son contrat égalitaire. Le faiseur d'oreilles de Des Périers sacrifie quand même sa couverture de Catalogne. Pour faire appel encore une fois à Todorov, "il n'y a pas deux manières de dire la même chose; seul le référent peut rester identique; les deux 'manières' créent deux significations différentes."[30] Le texte, vu en tant qu'objet sémiotique, est saisi par les relations entre ses parties: en comparant quatre textes fort ressemblants, une seule différence change forcément le réseau de relations qui constituent l'ensemble, et ainsi modifie la signification.

Faire, raccommoder, et l'écriture de La Fontaine

En 1688 La Fontaine écrit dans son épître à Huet, "Mon imitation n'est point un esclavage."[31] Ce vers nous renvoie à la préface de 1666 où l'auteur parle tantôt de "tailler dans le bien d'autrui," tantôt de créer ce qui est "proprement une nouvelle nouvelle" (supra, p. 69). De fait, l'ensemble des préfaces auxquelles nous avons fait référence dans une première partie de ce chapitre représente une sorte de métatexte englobant l'oeuvre entière. La conscience qu'a ce conteur de ses propres textes y est révélée; c'était à nous d'y découvrir et de juger du degré d'imitation.

Si le mot "imitation" est quelque peu inadéquat au genre de notre analyse, on pourrait peut-être le rapporter provisoirement aux personnages du *Faiseur d'oreilles et le raccommodeur de moules*. Entre Guillaume, le raccommodeur, et André, le faiseur d'oreilles, il existe une certaine relation mimétique. Le premier tour d'André sert de modèle à Guillaume, pour qui copier et inventer produiront un tour subséquent réussi. Une fois oreilles et moules vus en tant qu'entités égales, c'est le rapport entre "faire" et "raccommoder" qu'il faut mettre en valeur. Autrement dit, le syntagme "le faiseur d'oreilles et le raccommodeur de moules" consiste en deux segments parallèles dans lesquels les compléments sont le dénominateur commun, et où les verbes fournissent en eux-mêmes une base de comparaison.

L'analogie entre le faire du "faiseur d'oreilles" et le faire poétique repose sur une vieille convention linguistique. Selon P. Guiraud dans sa *Sémiologie de la sexualité*, "l'activité sexuelle est la forme exemplaire de toute activité...d'où l'emploi absolu de *faire* au sens de 'coïre.'" Il précise ensuite que "les deux actions fondamentales sont le *coup* porté par le bras ou par le membre naturel, l'instrument de nature." [32] Par métonymie on fait la liaison entre le coup du bras et le coup du stylo, l'instrument ou l'agent de l'esprit. [33] Donc, en faisant abstraction du titre en question, "faire" et "raccommoder" se rapportent à un corpus (au lieu d'un corps) qui devient l'objet d'une action transitive. En ce qui concerne un des produits de l'activité sexuelle, on nous invite également à comparer l'éjaculation avec la production du langage [34]—émission, semence verbale, reproduction, sans oublier la devise de la maison d'édition: "je sème à tout vent" (Larousse). Une énergie et une puissance, physiques ou intellectuelles, détiennent la potentialité constante de la conception.

Les images suggérées dans le conte par "faire" et "raccommoder" avec leur enchaînement chronologique constituent cette métaphore cohérente de l'intertextualité et de l'écriture même de La Fontaine. Dire et redire, écrire et récrire—le schéma suit approximativement celui de l'exécution d'un acte et la récurrence de l'acte. Or, il ne s'agit point de ressasser les mêmes mélodies; il est question plutôt d'emprunter et de rendre mieux, ainsi que le raccommodeur de moules renchérit sur la ruse de "compère" André. "We consider literature as an order of repetition," dit Saïd; et sans dénier quand même les possibilités inhérentes de différence, il explique, "while authors, works, periods, and influences are notions that pertain to writing in specific cases, they are really terms used to describe irregularities of varying degrees and qualities within writing as a whole."[35] Cette conception unifiante du phénomène littéraire qui se déploie petit à petit dans l'espace historique souligne la persistance de la production. Si La Fontaine se classe selon notre analogie parmi les raccommodeurs, son rôle ne consiste pas seulement à faire allonger le fil littéraire par un acte d'itérativité. La répétition du faire précédent prend la forme d'une énonciation supposant un remaniement important, qui a l'air d'atteindre jusqu'au niveau profond des textes. L'engendrement d'une "nouvelle nouvelle" à partir de vieilles nouvelles-modèles porte l'implication d'un jugement de valeur et d'une prise de position. P. Sollers propose à ce propos que "d'une certaine manière, un texte vaut ce que vaut son action intégratrice et destructice d'autres textes."[36] Nous pouvons considérer cet engendrement en ces termes:

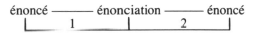

où la première étape est un embrayage et la deuxième un débrayage, opérations inverses mais complémentaires. Le déplacement hors de l'énoncé-discours pré-existant (d'autrui) doit précéder logiquement le nouvel acte de langage. L'énonciation se situe donc en position médiatrice (comme la séquence de communication du *Faiseur d'oreilles*) et est suivie d'une projection (émission encore, si l'on veut) du nouvel énoncé. Le va-et-vient synthétisant présupposé par l'instance de médiation correspond à un détournement des traces frayées par ses prédécesseurs, qui aboutit à une voie proprement sienne.

L'image du détournement sied bien à l'idée de raccommodage telle qu'elle se présente dans ce contexte analogique. "Raccommoder" est marqué par une double signification comportant le sens de refaire (ou répéter) et le sens de réparer (ou changer, rendre différent). Quant au détournement, on l'a vu sous forme de séduction, séduction de la femme de l'opposant signifiant un détournement de la revanche portée contre le mari. Ce changement de direction ou d'orientation actorielle est à comparer avec une autre sorte de détournement—de fonds. La Fontaine lui-même a employé le terme "le bien d'autrui"; ainsi, le fait de disposer de la propriété appartenant (au sens large) aux autres conteurs constitue le point de départ d'un discours intertextuel. Le devoir ressenti par sire Guillaume de formuler un projet de vengeance avec un stratagème façonné à sa guise est présupposé par le faire actualisé. Bien entendu, par rapport à l'ensemble du texte, ce deuxième faire devient un refaire. Parallèlement, La Fontaine construit son texte pour répondre à un défi d'ordre

Tableau 5.1. Syntaxe narrative

	PN1 (faiseur d'oreilles)	séquence médiatrice	PN2 (raccommodeur de moules)	séquence finale
(c.1350) Boccace	$(S_2 \wedge O_1)$ S_1 présent conjonction par accord	vu par S_1 contrat $S_1 + O_1$	$(S_1 \wedge O_2)$ S_2 présent conjonction par manipulation communication $S_1 \rightarrow O_2$	contrat $[(S_1 \wedge O_2) + (S_2 \wedge O_1)]^n$
(1461) Cent Nouvelles	$(S_2 \wedge O_1)$ S_1 absent conjonction par manipulation non-savoir de O_1	communication $O_1 \rightarrow S_1$	$(S_1 \wedge O_2)$ S_2 absent conjonction par manipulation	communication $O_2 \rightarrow S_2$ contrat $S_1 + S_2$
(1558) Des Périers	$(S_2 \wedge O_1)$ S_1 absent conjonction par manipulation non-savoir de O_1	communication $O_1 \rightarrow S_1$	communication $S_1 \rightarrow S_2$ $(S_2 \rightarrow O_2 \rightarrow S_1) \rightarrow (S_1 \wedge O_2)$	
(1666) La Fontaine	$(S_2 \wedge O_1)$ S_1 absent conjonction par manipulation non-savoir de O_1	communication $O_1 \rightarrow S_1$ contrat $S_1 + O_1$	$(S_1 \wedge O_2)$ S_2 présent conjonction par manipulation communication $S_1 \rightarrow O_2$	

différent. C'est "comme si ces autres discours agissaient comme une incitation à un nouvel acte qui est le texte." [37] Dans tous les cas, l'exhortation quelle qu'elle soit fait que chacun—amant ou auteur—agit à son tour.

La métaphore de l'écriture de La Fontaine sous-tendue dans le titre du conte fonctionne évidemment sur les principes de la répétition et la différence, qui informent aussi le parcours génératif du texte. Les relations intertextuelles entre les versions de La Fontaine, Des Périers, les *Cent Nouvelles nouvelles*, et Boccace s'établissent, après la constatation des ressemblances manifestes, grâce à une procédure d'espacement et de temporisation constitutifs de la "différance" (v. aussi notre Ch. 4). "La différance, c'est le jeu systématique des différences, des traces de différences, de l'*espacement* par lequel les éléments se rapportent les uns aux autres....le *a* de la *différance* rappelle aussi que l'espacement est *temporisation*, détour, délai." [38] Ces concepts de trace et de détour proposés par Derrida conjointement avec des notions spatio-temporelles sont à propos d'expliquer le phénomène intertextuel. A la base de ses formulations se trouve la forme verbale "différer" qui porte à la fois sur un énoncé d'état et sur un énoncé de faire: "être différent" et "remettre à un autre temps." Les deux sens conviennent à nos divers contes et nouvelles qui recouvrent quatre siècles. L'acte de raccommodage, tout répétitif qu'il soit, implique néanmoins tout ce que "différer" peut signifier— différence et par réparation, amélioration; et par déplacement dans le temps. Au sens abstrait, raccommoder semble renvoyer premièrement à une perception par l'écrivain-présent de la différance, et ensuite, à une reprise et une réorganisation des traces génératrices antécédentes. Le travail de La Fontaine en tant que raccommodeur de textes, un faire homologable comme nous avons dit au rôle de Guillaume, raccommodeur de stratagèmes, dépend donc pour se réaliser de l'espacement et de la temporisation des signes. La signification de tout énoncé dérive du jeu de différences—la différance—dont les éléments se rapportent forcément à d'autres ensembles de signes. Derrida explique ce processus de signification:

> aucun élément ne peut fonctionner comme signe sans renvoyer à un autre élément qui lui-même n'est pas simplement présent. Cet enchaînement fait que chaque "élément"...se constitue à partir de la trace en lui des autres éléments de la chaîne ou du système. Cet enchaînement, ce tissu, est le texte qui ne se produit que dans la transformation d'un autre texte. [39]

L'écriture de La Fontaine, pour résumer, ressemble au faire du raccommodeur par l'enchaînement des éléments signifiants avec d'autres programmes narratifs, respectivement. Les traces présentes dans ceux-ci renvoient aux systèmes antérieurs: le raccommodage de moules signifie uniquement par rapport à l'action du faiseur d'oreilles; le texte de La Fontaine prend son ampleur narrative de sa situation dans la série de transformations qu'est la diachronie littéraire.

6. *Joconde*

différence et répétition

Parcours narratif: récurrence et détournement

Joconde, nouvelle tirée de l'Arioste s'intitula *Joconde ou l'infidélité des femmes* lors de sa première parution dans le recueil daté de 1665. Le sous-titre fut subséquemment supprimé—et pour cause, dirait-on. C'est qu'il s'agit d'une question bien plus essentielle touchant les maris en particulier. Nous ne disconvenons pas que "les époux trompés finissent par se résigner après avoir reconnu que cette infidélité est générale," comme le résume H. Régnier.[1] Pourtant, cette reconnaissance à laquelle parviennent les époux résulte d'un processus investi de profondes implications. Accepter et admettre le cocuage n'est qu'une étape préliminaire à celle de comprendre et de juger une autre chose, à savoir eux-mêmes. Une dimension cognitive sous-tend le long parcours narratif qui commence par une sorte de concours de beauté, lequel est suspendu et détourné au profit d'une recherche de la fortune (sans parler d'aventures!). Au fur et à mesure que le sujet fait sa "recherche," un éclaircissement de son existence sémiotique se profile sur le fond du tableau narratif pour que, au retour, la confirmation d'une condition maritale corresponde à une re-définition du sujet au niveau de l'être. Le déroulement de ce programme tient à un jeu continuel entre la récurrence et la différence. Dans une tentative pour démontrer que *Joconde* est en quelque sorte un texte exemplaire par rapport au corpus des *Contes*, nous allons souligner les points où celui-ci correspond aux autres textes étudiés dans ces pages.

"Jadis régnait en Lombardie/ Un prince aussi beau que le jour": ainsi nous est présenté le roi Astolphe. Avec cet énoncé d'état, qui signale une beauté supérieure, se trouve, également dans les premiers vers, l'offre d'une gageure concernant cette qualité même: "Je fais, dit [Astolphe], gageure/ Qu'il n'est mortel dans la nature/ Qui me soit égal en appas." En termes sémiotiques, ceci représente la proposition d'un contrat par un sujet (S_1) qui cherche, pour ainsi dire, un opposant, ou un anti-sujet (S_2). Qui se présente en tant que candidat à ce concours accepte, par implication, le contrat y compris la relation intersubjective ($S_1 \leftrightarrow S_2$) qui le définit. S'il existe une personne qui pourrait égaler les attraits du roi de Lombardie, celui-ci lui promet comme prix "la meilleure province/ De [ses] Etats." A partir de ces conditions établies s'esquisse le premier programme narratif (PN1) du texte. L'objet du programme veut, bien entendu, que le premier sujet, Astolphe, maintienne son statut, confirme sa beauté superlative. Arrivera sous peu Joconde (S_2)—grâce à l'ambassade de son frère (A)—se présentant comme rival dans le contrat proposé.

Une première pierre d'achoppement apparaît d'emblée devant Joconde, ce qui indique que le parcours ne sera ni simple ni direct. Ayant déjà quitté sa maison et rebroussé chemin afin de récupérer un cadeau de sa femme laissé par mégarde chez lui, Joconde découvre un "lourdaud de valet" (T) couché dans les bras de Morphée aussi bien que dans ceux de son épouse. Quoique rendu fort malheureux par cette trahison—une transgression du contrat de mariage—Joconde refait le chemin de sa demeure provinciale jusqu'à la cour du roi. La tristesse entraînée malencontreusement par l'action des opposants (femme et valet) fera obstacle à Joconde dans son rôle d'anti-sujet car sa beauté se montre remarquablement altérée.

Pourtant, pour combler ce handicap, Amour (destinateur également dans *La Confidente sans le savoir*, Ch. 4) vient au secours et Joconde "se vit donc à la fin soulagé/ Par le même pouvoir qui l'avait affligé." Ce pouvoir, le sens de la vue, lui permet de faire la constatation qu'il n'est pas le seul à être trompé. Ce qu'il voit, c'est du déjà vu, c'est une répétition de la scène de trahison jouée chez lui, mais avec des acteurs différents. C'est la reine en la compagnie du nain[2] du roi dans certain cabinet. L'homologie entre ces deux séquences est frappante—trahison par la femme avec un amant de condition inférieure dans un "lieu solitaire et tenu fort secret," et cognition de la chose par la vue. L'analogie structurale du genre A:B:A':B' peut être illustrée dans ces termes:

femme + amant (opposant-duel) : lieu

femme de Joconde + valet : chambre ::
femme d'Astolphe + nain : cabinet

Les ressemblances évidentes dans la récurrence de la scène font ressortir certaines différences. D'abord, il y a une suggestion de l'opposition entre la cour du roi et la province de Joconde qui vit "loin du commerce et du monde"; comme le dit J. Lapp, celui-ci est un "contrast, familiar in French classical literature from Guez de Balzac to Mme de Lafayette, between court and countryside."[3] Ensuite, et peut-être plus important, la personne qui regarde la tromperie et reçoit la cognition n'est pas toujours le mari trompé. C'est-à-dire que Joconde est présent dans la première occurrence mais Astolphe est absent dans la deuxième. Et malgré quelques différences superficielles, l'homologie entre les deux séquences nous engage à les considérer ensemble. P. Brooks explique que "repetition in all its literary manifestations may in fact work as a 'binding'... of textual energies," et que dans un texte littéraire cela comprend "any of the formalizations...that force us to recognize sameness within difference."[4] Ce lien favorisé par la répétition sert en même temps à rapprocher Joconde et Astolphe et à préfigurer leur conjonction dans le programme narratif suivant.

Le résultat immédiat de la découverte de Joconde est le regain de ses charmes, donc le rétablissement de l'équilibre quant à la concurrence en beauté. L'anti-sujet cherche aussitôt à partager ses informations nouvellement acquises avec le sujet Astolphe, lui contant les incidents ainsi que la morale: "reconnaître Cocuage/ Pour un des dieux du mariage." Cette communication en vue de la cognition du roi répète, dans un sens, les autres séquences de cognition-de-trahison, à cela près qu'au lieu des yeux, des mots transmettent le signifié. Pour confirmer la nouvelle (et "corriger" maintenant une différence), Astolphe insiste à y être témoin lui-même: "Mais la chose, pour être crue,/ Mérite bien d'être vue." (Remarquons à ce propos que le voyeurisme ne manque pas chez La Fontaine; nous avons vu que *Le Faiseur d'oreilles* en fournit un exemple. On peut poser des conjectures sur l'acte de voir en tant que simple dispositif de la communication, ou comme pouvoir modal et excitation à l'action.) Une fois que le roi voit le "cruel outrage," et que la scène récurrente est rejouée, les deux sujets sont prêts à poursuivre leur concours de beauté sur un pied d'égalité sans autres empêchements.

Or, c'est ici que se produit un détournement du cours du premier programme narratif. Au détriment dudit concours qui a réuni initialement les deux acteurs, ils se décident à prendre ensemble une autre route: "Nous voici lâchement trahis:/ Vengeons-nous-en, et courons le pays:/ Cherchons partout notre fortune." Les voilà transformés en beaux coureurs ("courons...") qui partent à la vengeance. La suite de verbes à la première personne du pluriel dans ces vers marque une autre disjonction narrative. Dans le deuxième programme qui commence, les deux acteurs sont conjoints dans un seul actant— le sujet-duel. Ainsi, un seul rôle syntaxique (S) remplace deux sujets (S_1 et S_2) en opposition. Ce phénomène est exactement contraire à la distribution actantielle dans le *Conte tiré d'Athénée* (Ch. 3) où l'action du sujet-duel occasionne sa désagrégation en deux sujets concurrents. Dans *Joconde* le statut du sujet-duel exige certaines modifications des acteurs, notamment à leurs noms, au train du roi, et à tout ce qui risque de les identifier. D'autre part, la relation entre acteurs à l'intérieur de l'instance du sujet est dorénavant maintenue par un contrat équilibreur: plus de déférence au roi. (Puisque la dimension sociale ressort d'une manière importante à travers ce texte, nous la considérerons sous ses nombreux aspects plus loin.)

Si la vengeance est l'objet qui définit la direction de ce nouveau programme, assurément il s'agit d'une vengeance spéciale. Celle-ci ne dépend pas de la punition de l'offenseur, sauf indirectement, et le dédommagement moral de l'offensé n'est rien d'autre que la répétition illimitée de l'injure (cf. *Le Faiseur d'oreilles*, Ch. 5). Chercher la fortune, selon les mots du texte, sera le moyen choisi pour se venger. N'oublions pas à cet égard qu'en termes de galanterie la "bonne fortune" signifie les dernières faveurs d'une dame. Ainsi en est-il dans *Joconde*. Afin de mesurer et d'enregistrer les progrès vers ce but, un carnet de route accompagne Joconde et Astolphe. Leur livre blanc se remplit petit à petit de noms féminins, signes du succès croissant des maris trompés. Leur désir de vengeance sera dit satisfait lorsque le livre sera rempli de bout en bout.

Au début de cette aventure, une simple formule caractérise le programme: S → O, où le sujet-duel est à la recherche d'un objet de valeur, la vengeance. Au fur et à mesure que Joconde et Astolphe avancent dans le trajet, l'objet (O) devient progressivement spécifique. Presque immédiatement, du reste, la vengeance se traduit en aventures amoureuses, ce qui fournit la matière du livre blanc. Dans un espace discursif relativement restreint, le narrateur réussit à signaler au lecteur que les galants ont vite fait leur travail et qu'il reste peu de place dans leur registre: "Je ne viendrais jamais à bout/ De nombrer les faveurs que l'amour leur envoie:/ Nouveaux objets, nouvelle proie." Au cas où l'on serait tenté de prononcer un jugement d'invraisemblance, le narrateur donne ses raisons que la raison ne connaît pas forcément: "Je le rends comme on me le donne;/ Et l'Arioste ne ment pas." Cette référence à l'auteur du *Roland furieux*, le texte-modèle de *Joconde*, relève de la problématique de l'intertextualité traitée dans notre Chapitre 5. Dépeint dans ces vers en tant que processus répétitif, l'acte de conter émerge également comme le transfert ou la communication d'un objet de valeur, le récit.

Bien que leur livre soit pratiquement rempli ("Quand nos aventuriers eurent goûté de tout"), ils ne s'arrêtent pas tout de suite de courir. Cependant, le sujet repense la nature de l'objet de PN2 et révise le projet, "Car en amour, comme à la table,/ ...Diversité de mets peut nuire à la santé." L'attention portée à leur état physiologique s'accorde heureusement à la dernière étape de la recherche de vengeance. Astolphe propose alors une spécification de l'objet qui nécessite un renforcement concomitant du contrat entre lui et Joconde: "Ayons quelque objet en commun:/ Pour tous les deux c'est assez d'un." Optant pour la fille de leur hôte, "pucelle sans faute," les deux amis se disputent l'honneur d'être le premier à la rendre femme—détournement de mineur, dans le cas présent. Cette disjonction provisoire à l'intérieur du rôle du sujet, suscitée par le désir d'Astolphe de transgresser l'article de non-déférence dans leur contrat, relève encore une fois de la dimension sociale. Le problème de la préséance se résout incontestablement (et à la malchance d'Astolphe) par un tirage au sort, et ils concluent l'affaire avec la fille. Tout est réglé enfin sous forme de contrat entre le sujet-duel et l'objet; toutes les parties jouent bien leurs rôles et en sont contentes. A l'exception, pourtant, d'un jeune gars qui seul possède la vérité sur le "prétendu pucelage." Au niveau de la véridiction, donc, cet opposant est doté du savoir et du pouvoir nécessaires pour montrer que le paraître prime sur l'être, et pour découvrir la faille dans le contrat interne du sujet qui insistait sur la pureté de l'objet/fille.

C'est pour cette raison que le jeune homme délaissé a la compétence d'engager la fille dans un programme narratif annexe de PN2. Soit elle lui donne rendez-vous (O) la nuit même, soit le gars (S) "[dira] tout" pour saboter l'affaire avec Joconde et Astolphe (T). Ce conflit place la fille, objet de deux contrats concomitants, en double jeu. Le PN-annexe voit son dénouement dans une séquence où le jeune gars envahit le territoire de ses opposants (leur lit) pendant qu'ils dorment, et où l'objet de désir trouve le moyen d'accommoder l'un à l'insu des autres. Alaciel, objet de désir dans *La Fiancée du roi de Garbe* et maîtresse de l'accommodation, participe à un épisode analogue avec le seigneur du château et son ami (v. le Ch. 2). Remarquons ici l'ironie de deux contrats, incompatibles en apparence, dans lesquels il s'agit d'un seul objet et trois acteurs-sujet, mais qui sont réalisés simultanément et au même endroit. La juxtaposition, au sens propre, de tous ces éléments crée un exemple plutôt humoristique du concept sémiotique de syncrétisme.

La menace d'une deuxième disjonction dans l'instance du sujet-duel s'éteint lorsqu'enfin l'objet met les deux acteurs au courant du programme annexe. Joconde et Astolphe se rendent compte alors qu'il s'agissait non d'un malentendu entre eux, mais d'une transgression contractuelle de la part de la fille—problème externe qui constitue encore une répétition des trahisons de PN1. Quoique déçu par la fausse cognition touchant la chasteté de leur objet, le sujet s'en remet sans trop de peine: "Ils en rirent tous deux"; d'autre part, le narrateur nous avertit que "peu de temps après on vit [la fille] mariée,/ Et pour pucelle employée." Sur ce, le sujet-duel se raffermit et prend la décision qui marque la conclusion de PN2.

> Ce fut par là que nos aventuriers
> Mirent fin à leurs aventures,
> . . . .

Tous fiers d'avoir conquis les coeurs de tant de belles,
    Et leur livre étant plus que plein,
    Le roi lombard dit au Romain:
    "Retournons au logis par le plus court chemin."

La vengeance satisfaite, la bonne fortune trouvée dans tous les coins, et le livre gorgé de noms de femmes de bonne volonté, Joconde et Astolphe retournent à leurs épouses (PN3). Ce faisant, le sujet-duel se dissout volontairement, ce qui entraîne la réapparition de deux sujets, S_1 et S_2. Il faut dire avant tout que les maris vengés rentrent chez eux munis d'un certain acquis essentiel, notamment leurs épouses ne sont pas différentes de la plupart des épouses et, corrélativement, eux ressemblent à la majorité des maris. (Pour d'autres remarques au sujet de la dimension cognitive voir la quatrième section de ce chapitre.) PN3 (et le texte) s'achève sur une note tout à fait conciliatrice: "du nain nullement parlé,/ Ni du valet, comme je pense,/ Chaque époux s'attachant auprès de sa moitié,/ Vécut en grand soulas, en paix, en amitié,/ Le plus heureux, le plus content du monde."

Pour résumer ces commentaires sur le parcours narratif, nous nous référons au figure 6.1.

PN1	PN2 - détournement	PN3
$(S_1 \wedge S_2) \rightarrow O$	$(S \rightarrow O)$	$(S_1 \rightarrow O) \wedge (S_2 \rightarrow O)$
$S_1 \leftrightarrow S_2$	S-duel	$S_1 \vee S_2$
O - concours de beauté	*O - vengeance	O - retour
	(remplir le	
	livre blanc)	
*T - femme & amant	PN-annexe	
(trahison)	$(T \wedge O)$	
virtuel	réalisé	réalisé

*répétition

Fig. 6.1

La répétition dans PN1 et PN2 indiquée par l'astérisque se manifeste sous deux formes différentes. Dans le premier programme, il est question de la récurrence d'une séquence caractérisée par une conjonction d'opposants constituant une désobéissance au contrat de mariage avec le sujet. Les deux séquences homologues montrent des relations identiques entre femme et amant, entre femme et mari, et entre trahison et déroulement du programme (c'est-à-dire obstacle). Quant au deuxième programme, c'est l'objet qui se répète en un nombre indéfini d'acteurs dans la conjonction (S ∧ O), alors que le sujet reste le même. Bien entendu, la précision des différences dans l'actorialisation de l'objet est moins explicite dans PN2 (sans doute en raison de l'étendue de la gamme) qu'elle n'est dans l'ensemble des éléments narratifs autour de l'opposant dans PN1.

Il est important d'observer que le premier programme reste toujours au niveau virtuel, puisque le concours de beauté ne se conclut jamais. Peut-être les candidats le perdent-ils de vue, mais le désir de se venger s'avère certainement prédominant. Donc, le détournement de la question de supériorité en beauté mène à une recherche qui vise plutôt une sorte d'égalité. En outre, PN2 est réalisé avec un succès indéniable (le livre en est témoin); et le tout se termine à la fin de PN3 par un retour à la maison du genre "tout est bien qui finit bien," sans un regard en arrière au titre de lauréat manqué.

En dernier lieu, *Joconde* se rapproche visiblement de *La Fiancée du roi de Garbe* en ce qui concerne la sémiotique topologique. Cela est attesté en comparant l'itinéraire indirect que prend Alaciel pour aller d'Alexandrie au pays de Garbe avec le parcours que suivent nos deux galants à la recherche de la vengeance. Détournés de leur chemin initial, les acteurs se promènent dans un domaine sans nom, libre, pour ainsi dire. Joconde et Astolphe, loin de la cour et de la maison familiale (et déguisés aussi), ne sont plus responsables de leurs actions. Etant déplacés géographiquement du centre juridique, ni les maris, ni la fiancée ne sont sujets à la sanction normative. Des voyages d'exploration, où les vaisseaux sont censés aller à la dérive et retrouver la bonne conduite quand il leur convient, correspondent, au niveau sémio-narratif, aux parties centrales de *Joconde* et de *La Fiancée*. La déviation du droit chemin des moeurs est isomorphe au détournement du programme narratif original, les deux s'exécutant dans l'espace dit "ailleurs."

L'offre et la demande: de gageure royale à prix unique

Votre gageure est sans doute fort plaisante, et j'ai ri de tout mon coeur de la bonne foi avec laquelle vôtre Ami soutient une opinion aussi peu raisonnable que la sienne.

...vôtre gageure me tient au coeur, et j'ai été bien aise de vous justifier à vous-même le droit que vous avez sur les Cent Pistoles de vôtre Ami.[5]

Ceux-là ne sont ni les mots de Joconde, ni ceux d'Astolphe. Les cent pistoles ont été adjugées à Monsieur l'Abbé Le Vayer en 1669 conformément aux conclusions de Boileau Despréaux concernant le conte qui fait le sujet de ce chapitre. Dans la *Dissertation sur Joconde*, Boileau affiche la gageure, célèbre depuis, soutenue à propos des mérites littéraires d'un M. de Bouillon, traducteur du texte de l'Arioste, par rapport au *Joconde* de La Fontaine. Non seulement Boileau défend l'ouvrage de La Fontaine contre celui de Bouillon, mais il l'estime supérieur même à l'original italien.

Le plus intéressant de cette histoire est le fait que ce pari se situe en queue de toute une hiérarchie de gageures sur lesquelles *Joconde* est construit. Effectivement, il y a une dimension économique qui motive en partie le parcours narratif, et qui est responsable de l'agencement de diverses composantes du texte.

Pour commencer, nous re-citons quelques vers du début du conte:

> Un jour, en se mirant: "Je fais, dit-il, gageure
>   Qu'il n'est mortel dans la nature
>   Qui me soit égal en appas,
> Et gage, si l'on veut, la meilleure province
>   De mes Etats;
>   Et, s'il s'en rencontre un, je promets, foi de prince,
> De le traiter si bien, qu'il ne s'en plaindra pas."

L'offre est honnête, et la "foi de prince" vaut sans doute plus que la "foi d'animal." Si la prise de contact des deux sujets, Joconde et Astolphe, repose sur une donnée de la nature, une qualité prisée autant que la nature elle-même ("un prince aussi beau que le jour"), l'enjeu relève plutôt de l'univers socio-économique. Le roi de Lombardie gage, donc risque de perdre, des propriétés; Joconde, rien qu'en se présentant, a toutes les chances de les remporter. A cela s'ajouterait la faveur royale due à une personne de préférence: "Joconde…regardait l'amitié/ D'un roi puissant, et d'ailleurs fort aimable." En un mot, ce n'est guère une gageure à mépriser. La structure intersubjective ainsi formée sert d'ouverture sur les possibilités de l'action pour la suite.[6] Dans ce but, Joconde, en tant qu'anti-sujet s'en va "montrer [sa] beauté singulière."

Comme nous l'avons vu, ce contrat ouvert et bienveillant n'est pas actualisé tel que prévu. Et ce n'est pas à cause de la mauvaise foi du prince; des circonstances atténuantes ont la prééminence accordée par les deux sujets. A défaut du concours de beauté, un deuxième contrat s'établit. Celui-ci, situé dans les limites de PN2, peut être désigné du nom de contrat implicite. Le statut de sujet-duel conféré en cette conjoncture aux deux acteurs nécessite le contrat implicite, car il représente le fond d'assurance duquel dépendront des relations interactantielles. Les conditions agréées (la non-déférence, etc.) conviennent au dessein du voyage des deux amis, et au but du programme narratif: "Nous en ferons l'amour avec plus d'assurance,/ Plus de plaisir, plus de commodité."

Les performances subséquentes de ce sujet-duel peuvent être désignées à leur tour du nom de contrats sexuels. D'un autre point de vue, on pourrait caractériser les accords entre sujet et objets comme des opérations d'échange. "Nous sommes beaux; nous avons de l'esprit;/Avec cela bonnes lettres de change," constate Astolphe qui, avec Joconde, est prêt à accepter de bon gré les services de maintes dames. Les qualités personnelles des galants sont, il faut le dire, des titres moins aisément négociables que leurs bons billets. Mais ce n'est peut-être pas la cessibilité des biens qui attire "les beautés qui s'offrent à leurs yeux." De toute façon, il est clair que la chose donnée et la chose reçue en contrepartie sont reconnues en tant qu'objets de valeur. Cette affirmation est indispensable pour que l'échange, ainsi que tout le programme narratif, s'effectue convenablement.

Le lecteur est très vite rassuré du succès de l'entreprise: "Nous mettrons, dit Astolphe, autant de coeurs à bout/ Que nous voudrons en entreprendre." Pourtant, il y a une contrariété, à savoir "le trop d'affaires [les] accable." La demande dépasse l'offre, ou presque. Dans un système qui se règle par la loi de l'offre et de la demande, la conclusion d'un contrat vient lorsque la dette est acquittée. En l'occurrence, on dirait que Joconde et Astolphe se sont libérés de leur "dette" (les trahisons de leur femmes) par une indemnité toute particulière.

Seulement, ils prennent encore une dernière compensation—l'objet en commun, prix unique.

Nos deux aventuriers près d'eux la firent seoir,
Louèrent sa beauté, tâchèrent de lui plaire,
   Firent briller une bague à ses yeux.
      A cet objet si précieux
      Son coeur fit peu de résistance:
Le marché se conclut.

Sur ces mots, on entend frapper le marteau d'ivoire sur la table à la vente aux enchères—commissaire-priseur, les deux aventuriers; preneuse, la belle "pucelle." "Le marché" a toutes les résonnances des opérations commerciales même si l'on accepte pour le verbe "louer" une déclaration d'admiration et non pas le sens financier! Nous savons tous que la bague en question n'est pas un don (Marcel Mauss a expliqué le système),[7] et qu'elle fait partie d'une structure d'échange. L'opération réciproque et la performance double qui caractérisent ce genre de contrat comportent des obligations et des contraintes. C'est pour cela que la fille se voit coincée quand un tiers, le jeune gars, demande en même temps ses attentions. Une fois entrée dans l'affaire de Joconde et d'Astolphe, elle doit reconnaître les limites de sa liberté en tant que sujet agissant.

> Dit la fille fort affligée:
> De les aller trouver je me suis engagée;
> Si j'y manque, adieu l'anneau
> Que j'ai gagné bien et beau.

Elle est bien consciente des intérêts en jeu et ne hasarde la partie qu'à cause de l'habileté et du savoir-faire du jeune amant.

Le troisième programme narratif constitue la dernière phase dans cette série de contrats. Toujours sont évoqués l'esprit de corps et d'économie même quand les deux aventuriers rentrent chez eux "chargés de lauriers." Il s'agit bien sûr d'une gloire, acquise ensemble, de la conquête de tant de coeurs. Ce sont des vainqueurs-duel, si l'on veut, couverts des lauriers qui doivent se substituer au prix non-décerné au concours de beauté (PN1). Pourtant—et sur ce on retourne à la dimension économique—ces "lauriers [sont] d'autant plus beaux qu'il ne leur en coûta/ Q'un peu d'adresse et quelques feintes larmes." A la fin, le narrateur nous informe de la gratification offerte par les épouses de Joconde et d'Astolphe: "On se récompensa des pertes de l'absence." Le bilan de la situation montre, donc, des résultats somme toute positifs.

Ainsi, on voit comment l'instauration du premier contrat entre Joconde et Astolphe fait naître l'organisation syntagmatique de l'ensemble du conte. Effectivement, Greimas et Courtés suggèrent qu'un seul contrat "peut donner lieu à un étalement d'unités contractuelles, telles que l'établissement, la rupture, le rétablissement et l'exécution du contrat."[8] Etant donné que les contrats dont nous avons parlé ont l'allure de gageures, le pari touchant les *Joconde* de La Fontaine et de Bouillon n'est pas du tout inopportun. Des gageures dans la fiction ont enfanté un rejeton réel. Justement, notre auteur proposa lui-même une gageure, la sienne, d'ordre différent. L'Avertissement qui précédait *Joconde* et *Le Cocu battu et content* dans la plaquette datée de 1665 nous prévient que ces deux nouvelles en vers étaient tirées de l'Arioste et de Boccace respectivement et qu'elles reflètent les deux styles. La Fontaine (toujours à la troisième personne) invite alors son lecteur à prendre parti:

> L'auteur a donc tenté ces deux voies sans être encore certain laquelle est la bonne. C'est au lecteur à le déterminer là-dessus.

Dans celle-là, tout le monde gagne!

Chacun(e) selon son rang

En examinant de plus près les différents aspects de ces relations contrac-tuelles, on s'aperçoit du nombre de références à la dimension sociale. Ces mentions se manifestent d'abord au niveau des structures discursives, notam-ment dans l'investissement sémantique de l'actorialisation, mais elles se répercutent plus loin dans la syntaxe narrative. Ceci est un exemple de ré-cursivité, un type de récurrence qui s'opère à des niveaux de dérivation dif-férents. Prenant cette fois l'optique du sociolecte, nous considérons les rap-ports entre la stratification sociale et le faire sémiotique contenu dans les trois programmes narratifs.

Les deux trahisons du premier programme mises en jeu par deux paires d'acteurs différentes fournissent déjà, au niveau de la surface lexicale, des indices significatifs. Joconde, revenu sur ses pas, monte dans sa chambre pour prendre le bracelet et le portrait offerts par sa femme, et trouve un "lour-daud de valet" étendu dans son lit. On a dit que le souvenir de cette scène déplaisante a altéré la beauté de Joconde et, par conséquent, sa compétence quant au concours. Or, il faudrait en préciser la cause:

Bien souvent il s'écrie, au fort de son chagrin:
"Encor si c'était un blondin,
Je me consolerais d'un si sensible outrage;
Mais un gros lourdaud de valet!
C'est à quoi j'ai plus de regret:
Plus j'y pense et plus j'en enrage."

Entre "lourdaud de valet" et "blondin" se situe un écart important, écart dif-férentiel dont l'effet est de plonger le sujet dans un état passionnel. D'un côté, le valet désigne un serviteur, une personne de condition subordonnée (par rap-port au maître), encore dénigrée par le double attribut péjoratif ("gros lour-daud") qui lui est assigné. Un blondin, au contraire, jouit d'un standing su-périeur, attesté d'autre part par le contexte. Selon Furetière, "on dit le *blond* Phoebus, à cause qu'on le dépeint avec une perruque blonde, aussi bien que nous dépeignons les Anges, parce qu'en France on tient ce poil pour le plus beau." Bien que les qualités physiques soient mélangées dans ces descriptions au rang social, il est explicitement question de deux extrémités d'un spectre. "Encor si c'était un blondin"—l'hypothèse de Joconde suggère qu'il aurait mieux maté sa passion, si seulement... Et que cela aurait pu, à son tour, al-térer la suite représente encore une extrapolation hypothétique. Enfin, le point essentiel, plus que l'ouvrage lui-même, reste le genre d'opposant qui se présente. La transgression lui fait moins de mal que le transgresseur. Par rapport à Joconde (on déduit que c'est une personne de condition du fait que son frère est gentilhomme), l'acteur dans le rôle d'opposant est nettement inférieur.

Dans la séquence homologue qui s'effectue dans la cour d'Astolphe, Joconde se voit soulagé en apprenant que le roi, lui aussi, est un mari trompé. Cependant, la tromperie n'est que consolation partielle. Joconde "fut bien étonné" de découvrir que ce personnage en la compagnie de la reine, "ce bel Adon était le nain du roi." Le sarcasme souligne la valorisation dysphorique d'un individu de taille anormalement petite qui est considéré, figurément, comme étant sans mérite. Ensuite, le parallèle s'établit facilement et renforce les oppositions de rang social.

> "...et puisque même on quitte
> Un prince si charmant pour un nain contrefait,
>   Il ne faut pas que je m'irrite
>   D'être quitté pour un valet."

La répétition du verbe "quitter" dans les deux propositions rapproche le prince de Joconde, et le nain du valet. De plus, "contrefait" se fait l'écho de "gros lourdaud," en s'opposant à "charmant." Même si c'est Astolphe qui est décrit ici comme charmant, l'adjectif appartient également à Joconde ("Aux plus charmants il n'en doit guère," dit son frère). L'appariement des deux sujets supérieurs les met donc en relation de contrariété avec les deux opposants inférieurs. De l'autre côté, la conjonction socialement hétérogène de femmes et amants a des retentissements ailleurs dans le corpus. Dans *Le Muletier*, La Fontaine parodie cette situation narrative. Chez un autre roi lombard, la reine, qui fait lit à part, attend généralement que son mari vienne coucher avec elle. Une nuit, pourtant, "le muletier, frais, gaillard, et dispos,/ Et parfumé, se coucha sans rien dire," et sans que la reine s'aperçoive de la différence. *Nota bene* l'avis suivant entre parenthèses: "Un muletier à ce jeu vaut trois rois." Quoiqu'il en soit, ce n'est apparemment que le parfum qui distingue le domestique résidant dans l'écurie du souverain sur son trône. Ceci concorde avec une des prémisses du conte intitulé *Le Cuvier*. A propos de deux dieux familiers, Amour et Cocuage, il y est dit que "Tout est pour eux bon gîte et bon logis/ Sans regarder si c'est Louvre ou cabane." Tout compte fait, en amour il n'y a pas de classes privilégiées.[9]

Malgré l'étroite association sociolectale de Joconde et Astolphe due à l'homologie syntaxique, une légère différence les sépare. Alors que sa déconvenue "altérait fort" la beauté de Joconde, il n'en est pas de même pour le roi. Il est vrai que "d'abord tous ses sens demeurèrent perclus," mais "bientôt il le prit en homme de courage,/ En galant homme, et, pour le faire court,/ En véritable homme de cour." Quant à leur réaction divergente devant "l'outrage" qu'ils ont subi, J. Lapp fait comprendre qu'Astolphe "shows the blasé detachment of the aristocrat" en harmonie avec la moralité aristocratique "which considered marital jealousy or proprietariness essentially a bourgeois trait, a manifestation of middle-class rapacity and acquisitiveness." [10] *La Coupe enchantée* semble aussi témoigner de cette attitude. Toujours à l'égard du cocuage, cette question s'adresse au lecteur: "Qu'est-ce enfin que ce mal dont tant de gens de bien/ Se moquent avec juste cause?"

Toutefois, une contradiction est soulevée lorsque le roi propose qu'ils en tirent vengeance ensemble. Normalement, l'on choisirait une méthode différente pour s'en moquer! Quant aux préparatifs de leur départ, Astolphe stipule qu'ils voyagent incognito, libérés de toutes contraintes sociales; ils changent leurs noms, se disent cousins et, surtout, Joconde ne lui "[rend] aucune déférence." "Je laisserai mon train," promet le roi, pour ne pas être "suivi selon ma qualité." L'ensemble de l'équipage royal qui inspire la plus haute considération est abandonné pour la circonstance. De tels dispositifs adoptés "pour réussir dans ce dessein" montrent le savoir-faire du sujet dont la performance est pratiquement une chose sûre. La déférence cédée par Astolphe équivaut à l'effacement de toute différence entre les deux acteurs, et rend le sujet-duel une unité parfaitement homogène.

Ainsi, de pair à compagnon ils travaillent à remplir le livre blanc, notant les noms de toutes les dames qui contribuent à leur fortune, "chacune selon son rang." De cette manière, le livre blanc devient un document contenant une taxinomie sociale *in extenso*.

> Il n'est, en la plupart des lieux,
> Femme d'échevin, ni de maire,
> De podestat, de gouverneur,
> Qui ne tienne à fort grand honneur
> D'avoir en leur registre place.

Jusqu'ici le catalogue des acquisitions a l'air plutôt restreint. Si Joconde et Astolphe ne rencontraient dans leurs pérégrinations que des femmes de magistrats municipaux, ils feraient paraître une taxinomie tronquée. [11] Or, "quand nos aventuriers eurent goûté de tout" il a lieu une disjonction au niveau actantiel marquée par la redéfinition de l'objet (de femmes en général à jeune innocente). Cette disjonction motivée par Astolphe provoque en même temps chez lui un long énoncé au sujet des femmes à l'autre bout de l'échelle sociale.

Présentant son discours par l'avis "laissons la qualité," il chante la louange des filles de petite condition:

> Sous les cotillons des grisettes
> Peut loger autant de beauté
> Que sous les jupes des coquettes.
> D'ailleurs il n'y faut point faire tant de façon,
> Entre en continuel soupçon,
> Dépendre d'une humeur fière, brusque ou volage:
> Chez les dames de haut parage
> Ces choses sont à craindre et bien d'autres encor.
> Une grisette est un trésor.

A ce propos, Furetière nous informe que des gens de qualité s'amusent souvent à fréquenter des grisettes. D'après cette comparaison avec "les dames de haut parage," celles-là valent autant en exigeant moins. Par conséquent, les galants se décident à prendre "une comme ça" (comme s'ils choisissaient un pain au chocolat de parmi les rangs de millefeuilles, de religieuses, et de gâteaux aux amandes à la pâtisserie)—et à la partager! Le désir du sujet d'être conjoint à ce genre d'objet répète le type de conjonction amoureuse effectuée dans PN1 par les opposants. Valet, nain, et maintenant grisette dérivent de la même souche sociale loin du terroir d'Astolphe, de Joconde, et de leurs épouses.

Lorsqu'ils en sont au faire pragmatique, Joconde et Astolphe se heurtent à leur premier écueil en tant que sujet-duel, à savoir qui fera la première leçon d'amour à la "jouvencelle." Astolphe, ayant sans doute oublié les paramètres de leur statut actantiel, prétend mériter à juste titre cet honneur, de l'aveu général, fantaisiste. "Etant roi, l'on me le doit céder," dit-il. Joconde, tenant sans déférence à leur accord, réclame à bon droit le traitement dû à un pair ("Tirons au sort, c'est la justice"). Il est intéressant de noter qu'au moment d'une désagrégation possible du sujet-duel, il y a recours aux conditions socio-politiques pré-existantes. Dans son article "Sémiotique du conte," V. Røder explique ce phénomène: "Les moments transgressants de l'action peuvent de ce fait être définis par (1) la priorité des besoins subjectifs en forme de consomption sans scrupules, puis (2) transgression de la réglementation sociale de l'échange de valeurs." [12] On dirait que les deux points s'appliquent à notre situation mais que, de toute manière, la chose convoitée était déjà aussi indisponible que "la chape à l'évêque."

Une récurrence de la disjonction passagère dans l'instance du sujet-duel est occasionnée par le déroulement du programme annexe à PN2. Chacun trouvant l'autre coupable d'avoir "tourmenté" la fillette toute la nuit, Joconde et Astolphe se disputent de nouveau. "Je suis votre vassal; vous l'avez bien fait voir," proteste Joconde. Et voilà la répétition, la résurgence de la différenciation de classe, Joconde faisant appel cette fois aux vieilles catégories moyenâgeuses de suzerain et de vassal. Le problème est résolu par un tiers—la fille elle-même—qui "leur confessa tout le mystère." A vrai dire, le problème n'est ni obscur, ni difficile à comprendre; c'est que Joconde et Astolphe ont encore été trahis, ensemble cette fois, par la grisette et son jeune gars qui ont sciemment transgressé le contrat établi. Cette récapitulation des trahisons de PN1, y compris l'opposant de rang subordonné, est l'aventure qui conclut leur livre.

Le livre d'aventures, comme n'importe quel carnet de route, survit en tant que symbole du *veni, vidi, vici* auquel prétend notre sujet-duel. Toujours est-il que nous avons appris au cours de ce programme narratif combien l'instance du sujet-duel est précaire. Cette leçon double celle du *Conte tiré d'Athénée* (Ch. 3) qui s'achève sur le dédoublement du sujet-duel. Les deux cas augurent mal pour ce rôle actantiel. En dépit des différences sociales au niveau actoriel dans le rôle d'objet, tous les acteurs (les femmes non "rebelles") sont réduits justement à leur rôle syntaxique. Leur présence ne fait qu'avancer le faire pragmatique du deuxième programme narratif. En cela, ce segment syntagmatique ressemble à "l'histoire des huit" dans *La Fiancée du roi de Garbe*, à cette différence près que c'est le sujet qui voyage (au lieu de l'objet de désir) et que la description de chaque conjonction (S ∧ O) s'avère pratiquement nulle ici. Cela n'empêche que le manque de détails soit admis, car le livre blanc, faisant partie intégrale de leur bagage, contient l'écriture de leur propre histoire et représente l'acte de l'énonciation en train de se faire. C'est le livre comme production, créée en collaboration pour la légitime défense personnelle des auteurs. En même temps, c'est une production qui rend ses auteurs des champions de l'égalisation des classes sociales. Dernièrement, c'est l'écriture en tant que différance du faire sexuel, où les noms propres sont des signifiants d'un signifié commun. (Une discussion plus approfondie des relations entre l'écriture et le faire sexuel paraît dans le Chapitre 5.)

Une attestation de l'égalisation préconisée par les acteurs est le conseil d'Astolphe concernant leur rentrée: "Ainsi que bons bourgeois achevons notre vie,/ Chacun près de sa femme, et demeurons-en là." Une telle recommandation signifie qu'ils adoptent dorénavant la vie du mari moyen sans donner suite à l'histoire de la trahison. Le gentilhomme des environs de Rome et le roi lombard font alors demi-tour, leur regard fixé sur la strate sociale médiane. Il n'en reste pas moins que, dès leur conjonction en sujet-duel (PN2), c'est le roi qui menait le jeu; c'est le roi qui rappelait Joconde à l'ordre pour partir en voyage, pour partager la pucelle, et ensuite pour retourner chez eux (PN3). Le roi semble être incorrigiblement maître de manège.

Le Beau et la Bête: différence ou ressemblance?

Entre le jour où Astolphe, se mirant, gage qu' "il n'est mortel dans la nature/ Qui [lui] soit égal en appas" et le moment à la fin du récit où, résigné, il retourne à sa femme, une transformation s'opère. De même, entre l'adieu à Joconde—"va montrer ta beauté singulière"—et sa rentrée à la maison, la même transformation a lieu. La femme de Joconde annonce une beauté à part, hors de comparaison; le roi de Lombardie est présenté sous des termes également superlatifs. Evidemment, deux sujets uniques représentent une impossibilité logique. Ils se rendent compte à la longue de ce problème qui relève de la question plus générale d'existence modale. C'est dire que la transformation en question, une modalisation de l'être du sujet, se manifeste au premier abord comme une modification du statut de l'objet de valeur. Cette idée est amplifiée par Greimas: "étant donné que le sujet d'état se définit exclusivement par sa relation avec l'object de valeur, les modalités affectant l'objet (ou plutôt la valeur qui s'y trouve investie) seront dites constitutives de l'*existence modale* du sujet d'état." [13] Nos sujets d'état, Joconde et Astolphe, seront étudiés cette fois suivant leur mode d'existence et non pas selon leur performance.

Dans ces termes, Astolphe (premier sujet d'état) est conjoint avec la beauté (objet de valeur) ainsi que Joconde (deuxième sujet d'état)—(S ∧ O). Chacun se croit unique grâce à sa beauté et se considère, par conséquent, différent de tous les autres, non-répété, pour ainsi dire, dans la nature. On pourrait constater qu'au départ de PN1 Joconde et Astolphe possèdent la valeur modale /vouloir-être/ quant à l'état d'unicité. Celle-ci se montre une modalité d'existence désirable à tel point que le titre d'unicité est digne d'être soutenu, tel qu'on soutient une réputation. Notons en même temps sous quelles conditions le roi reconnaît ses attraits; en se regardant dans un miroir, témoin par excellence du "paraître," il saisit l'illusion d'une beauté unique. La qualité singulière (du latin *singularis*, seul) qui caractérise Joconde n'est pas encore prouvée non plus.

Tous ces préjugés sont mis en cause une fois que le concours/contrat est établi entre Astolphe et Joconde, sujet et anti-sujet. En principe, le concours est censé départager la prétendue égalité des participants. En outre, le contrat en général fonctionne comme "une relation intersubjective qui a pour effet de modifier le statut (l'être et/ou le paraître) de chacun des sujets en présence." [14] La modification du statut portera sur l'existence sémiotique du sujet, c'est-à-dire ses relations d'existence, telles qu'elles sont inscrites dans le discours. Si

la question d'unicité semble s'appliquer particulièrement au niveau de la figurativisation (la beauté physique), ce n'est qu'une perspective partielle. Finalement, il est extrêmement difficile de restreindre l'étendu de l'unicité; il est
fort probable, en revanche, que la dimension cognitive du sujet lui permet de
faire la transition entre le figuratif et l'abstrait.[15] Donc, on pourrait avancer
que Joconde part à la rencontre du roi croyant prouver son unicité ou, tout au
moins, une différence (du type positif) égale à celle d'Astolphe. Prompte-
ment, on voit se dessiller les yeux et de Joconde et d'Astolphe, ce qui correspond au début de la transformation du paraître.

La suite de trahisons dans PN1 occasionne une série de réactions signi-
fiantes chez Joconde. Premièrement, il y a la perte de ses appas qui résulte de
l'histoire du lourdaud de valet. Ensuite, ayant découvert la situation semblable de la reine et son nain, Joconde "*raisonna*:/ 'Je ne suis pas le seul.' " Enfin, "ce *penser* le console; il reprend tous ses charmes." Nos soulignements
signalent l'activité de la dimension cognitive et son intersection avec les passions auxquelles sont liés la perte et le regain de l'objet de valeur. A cet égard,
Greimas fait comprendre qu' "un sujet (d'état) possède une *existence modale*
susceptible d'être à tout instant perturbée, soumise aux transformations opérées soit par lui-même en tant qu'acteur (sujet de faire) soit par d'autres acteurs (sujets de faire) de la même mise en scène." [16]

Les perturbations dans ces cas-ci sont dues aux transformations opérées par
deux couples d'acteurs (femmes et amants). Dans la première occurrence, les
acteurs, en tant qu'opposants, enlèvent la compétence du sujet et produisent
un /ne pas pouvoir-être/ différent, ce qui nie le /vouloir-être/ caractérisant son
existence modale. Un deuxième couple d'acteurs (reine et nain)—destina-
teurs, dans la circonstance, de la modalité du pouvoir—font que l'existence
modale de Joconde se rétablit en un /vouloir-être/ différent. Une liaison
métonymique s'opère entre, d'un côté, les deux états passionnels qui règlent
la beauté de Joconde, et le raisonnement qu'ils provoquent, de l'autre. "Je ne
suis pas le seul" à être trompé, veut-il dire, et par conséquent, il n'a déjà plus
le statut de l'unicité. Remplacé, en premier lieu, par un autre acteur dans sa
relation contractuelle (i.e., sexuelle) avec sa femme, Joconde n'est certainement pas singulier à tous les égards, si encore la singularité s'applique à sa
beauté. En second lieu, voyant la récurrence de la conjonction particulière
nommée trahison, Joconde prend conscience de la répétition dans son environnement des conditions de sa propre existence.

Cette série de séquences qui constituent le premier programme narratif se
termine sur la récapitulation verbale d'une histoire générale de maris trompés. L'énonciateur rapporte finalement que Joconde "fit un dénombrement
des rois et des Césars/ Qui [étaient] sujets comme nous à ces communs

hasards." Il faut dire que le vocabulaire de cette énonciation-énoncée ("dé-nombrement," "communs hasards") évoque une perspicacité incompatible avec la naïve reconnaissance toute récente de la chose par Joconde.

De toute manière, nous avons vu dans ces séquences une double conversion des valeurs axiologiques que sont la différence et la répétition. La procédure de conversion rend compte du passage de l'unicité, située au niveau profond, à son investissement dans la "beauté singulière" au niveau de surface; et du passage de la répétition, valeur dysphorique par implication, investie dans le faire sexuel. C'est surtout la reconnaissance cognitive de ces conversions par Joconde et par Astolphe qui nous intéresse, vu l'influence qu'elle exerce sur la modalisation de l'être.

Le deuxième programme narratif représente une disjonction importante non seulement au niveau discursif, dont nous avons déjà parlé, mais aussi en ce qu'il marque un changement du plan affectif au plan somatique. Le détour-nement narratif en est un signe. Les deux maris trompés conjoints dans un actant-sujet agissent selon le /devoir-faire/ né par suite de l'action des oppo-sants (trahisons). Le faire somatique qualifie la dimension pragmatique du discours, la recherche de la vengeance en l'occurrence. Maintenant actif, le sujet de faire (incité par la passion) s'occupe de la performance, abandonnant l'objet de valeur qui le définit dans PN1. Au lieu d'être les patients, re-cueillant le faire d'autrui qui caractérise leur existence sur le plan affectif, Joconde et Astolphe deviennent les agents de l'action, donc capables de sui-vre les tours et les détours qui leur conviennent. Ils voyagent de tous côtés, le livre blanc servant d'ouvrage à consulter pour mesurer leurs progrès. Tout en répétant toujours le même chapitre, les aventuriers parcourent un espace con-sidérable, rencontrent un grand nombre d'acteurs, et multiplient leur faire performanciel. Ils se seront certainement vengés de leurs femmes.

Or, cette soi-disant vengeance contre la transgression féminine paraît un peu curieuse, car elle se fait à l'insu des transgresseurs. Est-ce seulement un prétexte pour une recherche de la consolation et une atténuation de l'état pas-sionnel? Peu probable. On y entrevoit l'esprit de conquête—conquête de coeurs, pour le dire euphémiquement (au fait, le lexème décrit lui-même l'ob-jet de la quête!). Nous proposons, pourtant, que remplir le livre blanc est une opération heuristique visant éventuellement la transformation de l'existence modale. Cette définition rejoint à peu près celle de l'aventure: ensemble d'ac-tivités, d'expériences qui comportent du risque, de la nouveauté, et aux-quelles on accorde une valeur humaine. Nos aventuriers sont amenés, en rem-plissant les pages, à réviser leur conception d'unicité et de différence face au caractère récurrent de leur faire et aux ressemblances des acteurs-objet. Jo-conde et Astolphe acquièrent une nouvelle perception de leur environnement à travers le domaine de la sexualité, et par conséquent, une nouvelle conscience de leur position vis-à-vis des autres. Le commun et le ressemblant ressortent comme des caractéristiques prédominantes de leur livre de noms. Les femmes de tous les rangs agissent, en tant que sujets de faire, de la même façon selon le même programme. En somme, le livre blanc raconte l'histoire de la répétition du même, et les auteurs, à force de l'écrire, l'ont apprise par coeur.

L'expression du savoir acquis vient en guise de postface de leur livre: "Si nos femmes sont infidèles/ Consolons-nous: bien d'autres le sont qu'elles." Un écho de ces vers se trouve dans *La Coupe enchantée* où Damon, devant une armée de cocus, s'incline aussi: "consolons-nous pourtant;/ Nous avons des pareils; c'est un grand avantage." Et encore, la reconnaissance de cette condition générale nous rappelle une phrase analogue dans le roman de Mme de Lafayette. La Princesse de Clèves est entraînée à avouer sa conception erronée de M. de Nemours: "C'est pourtant pour cet homme, que j'ay cru si différent du reste des hommes, que je me trouve comme les autres femmes, étant si éloignée de leur ressembler." [17] D'une façon semblable, Joconde et Astolphe, se croyant si différents du reste des hommes, se trouvent finalement comme eux, la ressemblance étant fondée sur la relation sujet-objet en dehors du contrat de mariage. D'après l'action de nombreuses femmes, une déduction se fait sur les maris; la conclusion ne peut que rapprocher Joconde et Astolphe de ces autres hommes. A. Cioranescu emploie le verbe "édifier" en parlant de la fin de l'histoire en la version de l'Arioste. A son sens, les découvertes faites par le roi et son compagnon prouvent que leurs épouses ne sont pas "plus mauvaises que les autres." [18] Or, l'édification sur les épouses en général revient à une édification plus importante sur les galants eux-mêmes. Ayant été désillusionnés, ils admettent l'impossibilité d'exister selon les règles tenues pour vraies auparavant.

Donc, les candidats présentés au concours de beauté à l'étape initiale du texte ne regardent plus dans le même miroir. Le réel d'avant s'est avéré illusoire. La question d'une beauté unique dans la nature a été transcendée par le problème d'unicité tout court. La première ligne de visée sur le caractère désirable d'être différent, voire unique, est détournée à mi-chemin grâce à l'acquisition des signaux de route. Le tournant correspond au changement progressif de la modalisation des objets de valeur qui définissent les sujets d'état. On peut repérer maintenant sur le carré sémiotique les valeurs axiologiques telles qu'elles se présentent au niveau profond de *Joconde*, et démontrer comment elles fonctionnent dans la transformation de l'existence modale (fig. 6.2). Il est clair que la recommandation accueillie de bon gré à la fin de l'histoire—"Ainsi que bons bourgeois achevons notre vie"—s'oppose

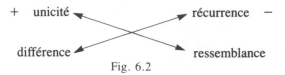

Fig. 6.2

diamétralement aux qualifications d'hommes soi-disant hors de pair au début. L'attribut d' "extra-ordinaire" (situé sur la deixis positive) appartient aux sujets avant l'aventure (PN2) qui les détourne et les transforme. L'attribut qui convient lors du retour au point de départ serait plutôt "ordinaire" (situé sur la deixis négative).

Tant qu'on croise le carré d'une deixis à l'autre, il est essentiel d'examiner les valorisations selon la catégorie thymique. Greimas précise que l'espace thymique, au niveau des structures abstraites, trouve sa correspondance, au niveau plus superficiel, dans l'espace modal.[19] En parlant de l'étape initiale du récit, nous avons constaté que l'unicité, et la différence qu'elle présuppose, sous-tendent les fonctions narratives, et représentent les prémisses de l'énoncé. Au fur et à mesure que ces valeurs sont modalisées, leur rapport thymique avec les sujets se modifie. Voici le plan de la modalisation présenté *grosso modo* en conformité avec le parcours narratif.

Syntaxe modale: unicité-différence
PN1/ vouloir-être (désirable)
PN2/ devoir-faire transformateur (réel → illusoire)
      ne pas pouvoir-être (impossible)
PN3/ vouloir ne pas être (indésirable)

L'objet de valeur qui est considéré, par définition, comme une chose désirable subit une transformation modale correspondant, au niveau discursif, au détournement du concours de beauté. Par suite de ce détour spatial, signe d'une déviation cognitive, l'objet de valeur, unicité-différence, évolue en une chose impossible à posséder. Rappelons-nous que la modalité du vouloir, dite virtualisante, est plus proche du sujet alors que la modalité actualisante du pouvoir, plus objective, détermine davantage le statut de l'objet de valeur.[20] Par conséquent, c'est seule la modalité du pouvoir qui peut fixer et stabiliser l'existence modale. A l'étape finale du récit, le motif "consolons-nous" s'offre en tant que manifestation d'une inversion de valeurs—Joconde et Astolphe font bon accueil à l'idée d'avoir des semblables. Le /vouloir ne pas être/, qui indique le caractère indésirable de la différence, coïncide avec un /vouloir-être/ du côté récurrence-ressemblance, deixis valorisée négativement auparavant.

Le mouvement autour du carré sémiotique de gauche à droite décrit la transformation de l'existence modale des sujets d'état, et correspond au parcours que suivent Joconde et Astolphe de la supériorité à la médiocrité, dans le vieux sens de situation moyenne. Leur conception de valeur euphorique évolue graduellement de celle d'unicité à l'idée de différence, différence entremêlée à une ressemblance avec certains autres; et enfin, les deux maris trompés parviennent à la connaissance que, loin d'être uniques, ils ne sont qu'exemplaires d'une instance récurrente dans la nature. Le leur est un état commun. En leur jeu, faire la belle, au lieu de départager les deux joueurs à égalité, finit par les rendre plus égaux qu'auparavant—entre eux autant qu'entre joueurs non admis au concours. La quantité de répétitions syntagmatiques et les indications paradigmatiques niant la différence montrent l'évidence de nos conclusions aux niveaux superficiel et profond.

7. Conclusion

la manière de conter

Au cours du chapitre précédent, dans le contexte du conte *Joconde*, nous avons revu bon nombre de concepts sémiotiques traités tout au long de ce travail. Ainsi, l'analyse d'un texte exemplaire tient lieu de synthèse à proprement parler. Nos observations ont porté jusqu'ici presque exclusivement sur la dimension de l'énoncé, sur le récit. En conclusion, nous considérerons d'une façon générale le problème de l'énonciation. Plus particulièrement, il reste à étudier la relation entre l'énonciation énoncée et l'ensemble de l'énoncé avec les implications sémantiques qu'elle peut avoir pour le texte pris en tant qu'unité sémiotique.

Dans la Préface (1665) à la Première Partie des *Contes et nouvelles en vers*, La Fontaine se défend contre les objections de ses censeurs sur la question de licence:

> qui ne voit que ceci est jeu, et par conséquent ne peut porter coup? ... Je réponds en peu de mots que j'ai mes garants; et puis ce n'est ni le vrai ni le vraisemblable qui font la beauté et la grâce de ces choses-ci; c'est seulement la manière de les conter.

Le sujet parlant dans ces phrases se montre fort habile. D'une part, il réalise la manoeuvre verbale de déplacer l'intérêt du fond à la forme; d'autre part, il s'acquitte de toute obligation morale en classant ses vers parmi des jeux innocents et inefficaces ("par conséquent ne peut porter coup"). Walckenaer explique effectivement que "l'ensemble de sa conduite prouve que [La Fontaine] était fort insouciant sur l'espèce de danger qui pouvoit résulter"[1] de la publication de ses contes. Et Gilles E. de La Fontaine est de l'avis que La Fontaine "s'est accordé le plaisir d'enfreindre un interdit social (et religieux), celui qui défend à l'homme d'exprimer ouvertement dans son comportement extérieur les pulsions sexuelles et amoureuses qui le hantent."[2] S'il est vrai que La Fontaine a pris plaisir à cette infraction sociale, soit. Cependant, cette remarque nous paraît bien trop hardie en ce qu'elle attribue à La Fontaine une intention spécifique qu'on ne saurait ni confirmer ni contester.

Du fait que la manière de les conter est primordiale, nous ne disconvenons pas. Seulement, la distinction entre "jeu" et propos qui portent coup n'a pas de place dans le contexte de notre analyse. L'oeuvre d'art est vue ici en tant qu'objet de communication mis en circulation par un auteur/destinateur pour la consommation par un lecteur/destinataire. A l'intérieur de ce schéma, les énoncés d'auteur n'ont plus de pouvoir déterminant sur ses textes, et ils ne peuvent plus modifier le statut de l'oeuvre qui acquiert un caractère autonome. Par conséquent, ce qui nous intéresse en la manière de les conter, c'est l'effet produit par la conjonction du discours et du récit (catégories de G. Genette),[3] c'est-à-dire la façon dont l'énonciation énoncée s'intègre dans le reste de l'énoncé.

Selon les principes de la théorie sémiotique, l'énonciation est conçue comme une instance de médiation produisant le discours et présupposée par l'existence même de l'énoncé. L'énonciation énoncée, ou le simulacre imitant le faire énonciatif, constitue une sous-classe d'énoncés et se présente en tant que métalangage descriptif de l'énonciation. Le "je" qu'on rencontre dans l'énonciation énoncée ne représente nullement le sujet de l'énonciation. C'est un déictique, élément linguistique qui fait référence à l'instance de l'énonciation, qui fait l'effet de supprimer la distance entre l'énoncé et l'instance de son émission.[4] La recommandation "Contons, mais contons bien: c'est le point principal" dans *Les Oies de Frère Philippe* est un exemple éminent de l'énonciation énoncée qui se manifeste à tous moments dans ces textes, soit en intervention explicite et délibérée, soit en présence subtile s'infiltrant presque insensiblement au sein de l'énoncé.

La conjonction du discours et du récit dans cet espace textuel représente deux systèmes sémiotiques qui se rencontrent. N'oublions pas que les histoires contenues dans les textes lafontaniens sont empruntées à des conteurs-prédécesseurs pour être réintégrées dans un nouveau cadre discursif. Les vieux récits portent en eux tout un ensemble de conventions et de présuppositions, ensemble qui subit un déplacement spatio-temporel de son contexte originel à celui fourni par La Fontaine. La composante discursive des textes introduit la parole et, par implication, le système sémiotique de l'énonciateur en qualité de réaction et de médiation. Donc, il s'agit dans les *Contes* d'une entité narrative déjà connue, enveloppée d'une instance nouvellement produite et provenant d'une source immédiate. L'une dérive du fonds commun littéraire et apporte au texte présent toutes les coordonnées socio-historiques qui lui appartiennent; l'autre est une manifestation textuelle qui rend sensible à l'esprit, quoiqu'indirectement, l'acte même de l'énonciation. L'énonciation énoncée signale tacitement que le destinateur a pris en charge le récit, l'a interprété, et l'offre au public selon sa perspective à lui. Le "je" de l'énonciation énoncée représente la voix d'un destinateur-narrateur textuel qui évoque celle de l'auteur mais ne l'est pas. Tout de même, l'acte d'intentionnalité de l'énonciateur—destruction et reconstruction presque simultanées d'un objet de valeur—implique une sorte d'autorisation de débat sur l'énoncé.

Pour mieux cerner ces deux instances textuelles, considérons, d'un côté, le concept du "texte clos" proposé par J. Kristeva et, de l'autre côté, le principe de "l'oeuvre ouverte" avancé par U. Eco. Les histoires que raconte La Fontaine peuvent se situer dans la catégorie des textes clos en ce sens que l'on sait comment elles se termineront avant leur commencement. L'intérêt anecdotique est ainsi éliminé. Or, quelle fonction faut-il attribuer au reste du texte, à la composante dont on ne saurait prévoir ni le contenu, ni la forme? En expliquant le "double statut sémiotique" du roman, Kristeva s'adresse en partie à ce problème:

> il est un *phénomène* linguistique (récit), de même qu'un *circuit* discursif (lettre, littérature); le fait qu'il est un *récit* n'est qu'un aspect—antérieur—de cette particularité fondamentale qu'il *est* de la "*littérature.*" [Le roman est] un produit de la parole, un objet (discursif) d'échange avec un propriétaire (auteur), une valeur et un consommateur (public, destinataire). ...il s'agit bien d'une construction verbale maîtrisée par le sujet qui parle.[5]

La construction verbale engendrée par le sujet qui parle, par l'énonciateur, correspond donc à une dichotomie entre un récit fermé et un discours plus ouvert (encore selon les catégories de Genette). Si nous acceptons la prémisse d'Eco que "l'oeuvre d'art est un *message* fondamentalement *ambigu*, une pluralité de signifiés qui coexistent en un seul signifiant,"[6] ce serait surtout l'énonciation énoncée qui pourvoit les signes d'ambiguïté. C'est que la voix du destinateur-narrateur interdit l'univocité du récit et l'empêche de dominer sur le(s) sens global du texte. L'énonciateur, en se rendant maître du récit, en le déplaçant, et en le répétant dans une forme autre, nous le transforme en un texte ouvert. Enfin, l'énonciateur a le pouvoir (et possède la compétence modale) de rendre ambigu le récit qui se donne pour clair et sans équivoque.

"L'oeuvre ouverte" conçue par Eco devient l'expression d'une dialectique entre l'oeuvre et son interprète. En face du récit clos en sa forme hypothétiquement pure, le pouvoir d'interprétation est considéré comme étant plus ou moins nul. En plus du récit, les *Contes* se parent d'une deuxième dimension

importante, celle d'une première interprétation qui y est incorporée par l'é-
nonciateur et qui ouvre la voie à un éventail d'autres—l'énonciation énoncée.
Ce discours interprétatif rassure l'énonciataire: il nous libère de l'étreinte du
catéchiste; il suggère que le récit en question est sujet à différentes lectures; il
nous encourage à nous méfier des leçons de moralité, et à croire aux jeux
d'adultes.

A cet égard, il faut reconnaître qu'un auteur, en tant que destinateur de la
communication, transmet un code de valeurs qui peut être différent de celui
de ses personnages. Ainsi, le récit est susceptible d'une double interprétation,
l'une dysphorique et l'autre euphorique. Si l'énoncé est investi d'une valorisation négative par son code interne, il est possible que l'énonciateur lui attribue à son tour un sens positif. Ce phénomène s'opère non seulement par de
soi-disant prologues ou épilogues joints au récit, mais aussi (et surtout) par
des signes de reconnaissance, des marques de l'énonciation dans l'énoncé. De
telle manière, l'énonciateur fournit le texte d'une voix qui fait l'effet, soit
d'atténuer la valeur axiologique du texte, soit de la nier carrément. C'est que
le parti pris de l'énonciation, dont les traces se révèlent dans l'énonciation
énoncée, provient d'un univers sans lois—l'univers de l'idiolecte où le
vouloir-faire se met librement en confrontation avec le devoir-faire sans peur
de rétribution.

Dans *La Fiancée du roi de Garbe*, on s'aperçoit que la transgression du
code de mariage est acceptée à peu près comme une norme, et on regarde tout
bonnement Alaciel jouir des plaisirs offerts au long de son détour. La fiancée
court des risques extrêmes (naufrages, rapts, etc.) et se soumet, en raison des
contraintes, à huit amants. A ces épreuves est attaché, dans le cadre du récit,
le sens de dysphorie. Au niveau de l'énonciation énoncée, à l'encontre du
code social interdisant ce genre d'activités avant (et hors) l'hymen, il nous est
indiqué que la "pauvre" Alaciel ne fait que se réjouir des circonstances. La
remarque quelque peu consolatrice et très ironique située dans une énonciation énoncée finale—"pour l'avoir perdue [sa fleur], il ne se faut pas pendre"—met en lumière l'inversion des valeurs caractéristique de la communication du discours, inversion qui serait absente du récit tout nu.

L'apparente contradiction entre les systèmes de valeurs occasionnée par
cette inversion soutend la plupart de ces textes. Est posé le problème de l'inceste dans le *Conte tiré d'Athénée*, où, vu l'épanouissement de "leur" fille,
"Chacun des deux [amis] en voulut être amant;/ Plus n'en voulut l'un ni l'autre être père." A vrai dire, ils s'inquiètent plus de l'apparence de l'inceste que
de la possibilité de le commettre. L'idée de cette transgression du code socio-
culturel fait rire tout bas le lecteur car elle est évoquée de la même manière
qu'une réflexion contrariante. Loin d'être pris au sérieux, l'inceste est réduit

au rôle syntaxique d'opposant faisant (très provisoirement) obstacle à la bonne continuation du programme narratif. Apprendre certaines leçons à sa fille ne constitue pas, selon le système mis en vue par l'énonciateur, un poids sur la conscience.

Il en est de même dans *La Confidente sans le savoir*. Les efforts d'Aminte pour attirer Cléon à ses côtés enfreignent tous les codes sociaux représentés dans le récit (mariage, bienséances, bonne éducation). Néanmoins, ces efforts sont applaudis et sanctionnés positivement par l'énonciateur dans le rendez-vous final avec l'amant. En surplus, la surveillance par les forces opposantes est rendue impuissante: "Un profond somme occupait tous les yeux;/ Même ceux-là qui brillent dans les cieux." En fermant les yeux au ciel, l'énonciateur approuve le faire amoureux et dote son histoire d'une certaine "ouverture" d'interprétation.

Chez La Fontaine, l'énonciation énoncée fonctionne en tant que force médiatrice entre le récit et l'énonciataire. Le phénomène de la nouvelle "proprement nouvelle" déjà abordé dans ces pages (v. supra, p. 87 ff.) porte l'implication d'un jugement de valeur et d'une prise de position au moment de l'énonciation. La "dialectique entre *forme* et *ouverture*" évoquée par Eco [7] est reflétée aussi par le dynamisme créé par le nouvel encadrement du vieux syntagme narratif. La répétition ne se fait pas sans conditions. La Fontaine semble se moquer de l'ordre établi et refuser les dogmes de toutes sortes. L'énonciation énoncée est l'indice de la "perpétuelle remise en question des valeurs et des certitudes" [8] caractéristique de l'oeuvre ouverte, et elle constitue l'écart différentiel par rapport aux textes clos.

Si l'essentiel de "la manière de les conter" est cette relation conjonctive de l'énonciation énoncée et du récit, jonction qui fait ressortir les deux systèmes de valeurs, on ne peut pourtant pas prétendre que ces contes sont des oeuvres "en mouvement" (autre catégorie d'"ouverture" selon Eco). Le degré d'ouverture est, bien entendu, limité malgré la marge de modification admise par l'énonciateur. Il n'y a pas de vraie collaboration mentale entre l'auteur et le récepteur de l'objet telle qu'elle doit exister pour l'oeuvre de Proust ou de Robbe-Grillet. Cet objet littéraire restera structuralement intact; il ne cherche à être ni réorganisé ni altéré en quelque façon que ce soit. On peut découper et disséquer fructueusement ces textes, mais on ne participe pas à leur production. La Fontaine a re-présenté les récits; en remaniant le signifiant, il a forcément modifié le signifié. Mais il n'empêche que le sens, qui est quasiment enraciné dans l'aspect historique des textes, est lui aussi assez restreint. C'est pour cette raison que nous avons préféré envisager la signification, ou la production du sens, en nous attachant à la dynamique propre du texte (aspect synchronique). C'est l'articulation du sens par l'énonciateur à travers l'énonciation énoncée et tout l'énoncé qui est partie constitutive de l'activité sémiotique.

Etant donné que l'intérêt des contes de La Fontaine ne dérive pas du suspense de la fin, et que, par ailleurs, le sens est déjà évident dès le départ, le lecteur cherche autre chose. Dans une apologie de ce qu'il appelle le "schéma itératif," Eco explique que "the reader continuously recovers, point by point, what he already knows, what he wants to know again: that is why he has purchased the book...it is loved because it is recurrent." [9] Même si le sens précède le récit grâce au réseau de conventions et de signes littéraires hérités du passé, "il reste à raconter" dit Kristeva, "c'est-à-dire à remplir, à détailler ce qui est déjà conceptualisé, su, avant le contact de la plume et du papier." [10] Il reste à transmettre cette unité de sens par la parole d'un sujet individuel, et par une opération qui marque la compétence sémiotique de l'énonciateur. L'effet créé est celui d'une histoire enchâssée, pour ainsi dire, dans un texte qui se propose d'élargir les dimensions de l'histoire ct d'ouvrir les possibilités de lecture. Pour retourner aux mots de La Fontaine, "c'est seulement la manière de les conter" qui leur donne finalement plus de jeu—jeu, cette fois, dans le sens de mouvement, de facilité, de flexibilité sémantiques. Et tout en évitant la question du coup que les *Contes* peuvent, ou non, porter, l'assertion "ceci est jeu" semble attestée.

Notes

Notes, Chapitre 1

1. La *Morphologie du conte* de Vladimir Propp semble avoir fourni les germes d'une vague d'études littéraires sur le conte. Ceci a été authentifié, pour ainsi dire, par un numéro spécial du *Monde des Livres* consacré à ce sujet et paru en l'hiver de 1979.

2. John C. Lapp, *The Esthetics of Negligence: La Fontaine's Contes*; Gilles E. de La Fontaine, *La Fontaine dans ses "Contes": Profil de l'homme d'après ses confidences*.

3. Goran Bornäs, "*Le Cocu battu et content*: Etude sur un conte de La Fontaine"; Joseph Cauley, "Narrative Techniques in the *Contes et nouvelles en vers* of La Fontaine"; Gérard Genot, "Le Récit (du) déclassé"; Donna Kuizenga, "La Fontaine's *Le Faucon*: A Lesson of Experience." Notre article, "The Play of Deferred Communication in La Fontaine's *La Confidente sans le savoir*," représente une première version du Chapitre 4 du présent travail.

4. C. A. Walckenaer, *Histoire de la vie et des ouvrages de J. de La Fontaine*, pp. 133, 136.

5. Jean de La Fontaine, *Œuvres complètes*, 1 : 343. C'est nous qui soulignons. Dorénavant toutes citations de l'œuvre de La Fontaine seront tirées de cette édition et paraîtront dans notre texte sans référence.

6. A. J. Greimas, *Sémantique structurale*, p. 19.

7. Michel de Montaigne, *Œuvres complètes*, p. 1047.

8. Gilles Deleuze, *Différence et répétition*, p. 2.

9. A. J. Greimas et J. Courtés, *Sémiotique: dictionnaire raisonné de la théorie du langage*, p. 100.

10. Greimas, *Sémantique structurale*, p. 19.

11. Barbara Herrnstein Smith, *Poetic Closure*, p. 38.

12. Greimas, *Sémantique structurale*, p. 173.

13. A. J. Greimas, *Du sens*, p. 182.

14. Voir la Bibliographie pour une liste des ouvrages de J. Derrida que nous avons trouvés pertinents à notre sujet.

15. Jacques Derrida, "La différance," pp. 49, 50, 51, 53.

16. Il faudrait signaler qu'il y a certaines questions de théorie nécessairement soulevées par une comparaison entre la sémiotique greimassienne et la grammatologie de Derrida. Le problème de système vs. non-système, par exemple, ne sera pas abordé

dans le cadre de ce travail. Nous nous excusons de ne pas nous adresser à cette conjoncture aux contradictions qui peuvent être relevées par le lecteur.

17. Derrida, pp. 51, 57.

18. Deleuze, p. 23.

19. Dans les soixante-dix contes environ, ces lexèmes et leurs variantes paraissent plus de cent fois. Voir Allan J. Tyler, *A Concordance to the Fables and Tales of Jean de La Fontaine*.

20. Roland Barthes, *S/Z*, p. 22.

21. Deleuze, pp. 2, 44.

Notes, Chapitre 2

1. Citation de la préface de A. J. Greimas dans Joseph Courtés, *Introduction à la sémiotique narrative et discursive*, p. 12.

2. Vladimir Jankélévitch, *L'Ironie*, p. 84.

3. Sur les modalités aléthiques, voir *Sémiotique et Bible* 13 (1979), 2–8.

4. "Jeune et bien fait" paraît également par exemple dans *La Confidente sans le savoir* et dans *La Courtisane amoureuse*.

5. John Lapp, *The Esthetics of Negligence*, p. 45, and Jankélévitch, p. 87.

6. Courtés, p. 12.

7. Emile Montégut, "*La Fiancée du roi de Garbe* et *Le Décaméron*," p. 733.

8. Peter Brooks, "Freud's Masterplot," p. 286.

9. Voir l'essai de Jacques Derrida sur "La Différance," pp. 41–66 et passim dans l'œuvre de Derrida.

10. La Fontaine va jusqu'à utiliser le lexème "chose" 187 fois dans les *Contes*. Beaucoup de choses se passent dans ce corpus.

11. Marc Soriano, "Des *Contes* aux *Fables*," p. 113.

12. A. J. Greimas et J. Courtés, *Sémiotique: dictionnaire raisonné de la théorie du langage*, p. 100.

13. Courtés, pp. 8–9.

14. Boccace, *Le Décaméron*, p. 96.

15. Pour une analyse de la signification du nombre *huit* chez Robbe-Grillet voir Bruce Morrissette, *Les Romans de Robbe-Grillet*, pp. 77–110.

16. Jacques Derrida, *L'Ecriture et la différence*, pp. 299–301.

17. Charles Grivel, *Production de l'intérêt romanesque*, p. 130.

18. Albert Dauzat, *Dictionnaire étytmologique des noms de famille et prénoms de France*; voir aussi Godefroy.

19. Grivel, pp. 129, 132.

20. Gérard Genot, "Le Récit (du) déclassé," p. 224. Cet article, un des plus intelligents de son genre, compare *Le Faucon* de La Fontaine à la nouvelle de Boccace.

21. Nous rappelons quelques vers situés au niveau de l'énonciation énoncée du début du conte:

[Elle] "changea huit fois de chevalier.

Il ne faut pas pour cela qu'on l'accuse:
Ce n'était après tout que bonne intention,
    Gratitude ou compassion,
    Crainte de pis, honnête excuse."

22. Boccace, p. 113.
23. Jacques Derrida, *De la grammatologie*, p. 158.
24. Brantôme, *Les Dames galantes*, p. 324.
25. Derrida, *L'Ecriture et la différence*, pp. 329–30.
26. Ibid., p. 329.
27. Ibid., p. 334.
28. Ibid., p. 328.
29. Jean de La Fontaine, *Œuvres*, éd. Henri Régnier, 4:393n.1.
30. Frédéric Nef, éd. *Structures élémentaires de la signification*, p. 25. Cette citation fait partie d'un entretien de l'éditeur avec A. J. Greimas.
31. A. J. Greimas, "Pour une sémiotique topologique," *Sémiotique et sciences sociales*, pp. 130–31.
32. Manar Hammad, "Définition syntaxique du *topos*," p. 27.
33. Greimas et Courtés, p. 362.
34. Cette constatation appelle bien entendu une discussion sur les implications psychanalytiques de la forte ressemblance entre le père et l'époux. Sans vouloir nier en aucune façon cet aspect du problème, nous n'avons pas les connaissances nécessaires pour l'aborder comme il faut. Par conséquent, nous estimons qu'il est préférable de le suggérer seulement et de le laisser aux plus qualifiés.
35. Gilles Deleuze, *Différence et répétition*, pp. 12, 26.

Notes, Chapitre 3

1. Roman Jakobson, "Linguistics and Poetics," p. 359. Il continue à dire que l'écriture en vers implique toujours la fonction poétique et que celle-ci "projects the principle of equivalence from the axis of selection into the axis of combination" (358, 359). Tzvetan Todorov, *Poétique de la prose*, p. 243. Benjamin Hrushovski, "Poetics Plus," p. 5.
2. Michael Riffaterre, *Semiotics of Poetry*, pp. 116, 124.
3. A. J. Greimas, "Pour une théorie du discours poétique," *Essais de sémiotique poétique*, pp. 10–11.
4. A. J. Greimas, "La linguistique structurale et la poétique," *Du sens*, p. 276.
5. A ce propos il faudrait faire allusion à l'ouvrage de Samuel R. Levin, *Linguistic Structures in Poetry*, où est proposé le concept de "coupling": une structure dans laquelle des formes équivalentes (sémantiques ou phoniques) se trouvent dans des positions équivalentes de constructions parallèles. Selon Levin ce genre de "coupling" sert à fusionner la forme et le fond d'un poème. Son concept se rapproche plutôt à notre discussion sur l'homologation des niveaux (pp. 84–88) qu'à celle sur l'isotopie de couplage.

6. *Dictionnaire de l'Académie française* (1762). "On dit proverb, & figur. d'un homme qui est fort à son aise, & qui jouit tranquillement de son bien, qu''Il pond sur ses oeufs.'"

7. Le dicton anglais, moyennant une légère modification, s'applique bien à ce schéma: "Birds of a feather f(lock) together."

8. A. J. Greimas, *Maupassant: la sémiotique du texte*, p. 54.

9. Ibid., p. 68.

10. A. Kibédi Varga, *Les Constantes du poème*, p. 151.

11. A. J. Greimas, "De la modalisation de l'être," p. 19.

12. Gilles Deleuze, *Différence et répétition*, p. 43.

13. *Pensées*, p. 176. Pour Pascal il s'agit du pari pour l'existence de Dieu, inconnaissable par la raison.

14. "Les diverses figures de *répétition* occupent une place autrement importante en poésie. Une étude même rapide de ces figures exigerait de nombreux volumes, tant la répétition appartient à l'ossature même du poème; les divers procédés de répétition se manifestent du reste très abondamment dans toute poésie" (A. Kibédi Varga, p. 199). "Repetition figures in the [poetic] text as the realization of ordering on the paradigmatic plane, of ordering in terms of equivalence" (Yuri Lotman, *Analysis of the Poetic Text*, p. 37).

15. Varga, pp. 133–34.

16. Greimas, "Pour une théorie du discours poétique," p. 7.

17. "The repetitiveness effected by imparting the equivalence principle [voir n.1] to the sequence makes reiterable not only the constituent sequences of the poetic message but the whole message as well. This capacity for reiteration whether immediate or delayed, the reification of a poetic message and its constituents, this conversion of a message into an enduring thing, indeed all this represents an inherent and effective property of poetry" (Jakobson, p. 371).

18. Greimas, "Pour une théorie du discours poétique," p. 24.

19. Todorov, p. 248.

20. Cette discussion sur la spéculation s'inspire en grande partie du travail de Jacques Derrida portant sur *Beyond the Pleasure Principle* de Freud. La structure de la mise en abyme de la répétition joue même en dehors de son texte: la spéculation de Derrida sur la (non-)spéculation de Freud nous a fait spéculer sur la spéculation des deux amis. Voir "Coming into One's Own" and "Speculations—on Freud."

21. Sur la mise en abyme de la répétition, voir Derrida, "Coming into One's Own," pp. 120 ff.

22. La Fontaine, éd. H. Régnier, 4:117.

23. C. A. Walckenaer, *Histoire de la vie et des ouvrages de J. de La Fontaine*, p. 390.

24. Charles Grivel, *Production de l'intérêt romanesque*, p. 166.

25. Jacques Derrida, "La Double Séance," *La Dissémination*, p. 205.

26. Grivel, p. 168.

27. Athénée, *Les Quinze Livres des Deipnosophistes d'Athénée*, p. 798. Voici l'extrait du Livre XII, ch. xi qui sert de base à La Fontaine: "Axioque & Alcibiade s'étant

embarqués, dit-il, pour voyager à frais communs dans l'Hellespont, & tous deux étant arrivés à Abyde, ils s'y marierent l'un et l'autre dans une meme solemnité de Noces, avec Medontiade d'Abyde & avec Xynoccipe, de laquelle une fille étant née, ils se disaient l'un à l'autre qu'ils ne savaient pas qui en était le pere; mais quand la fille devenue grande fut bonne à marier, & que l'un & l'autre prenaient encore toutes sortes de privautés avec elle, de sorte que si elle dormait avec Alcibiade elle était appellée [sic] la fille d'Axioque, & si elle dormait avec Axioque elle était appelée à son tour la fille d'Alcibiade."

28. Grivel, p. 172.

29. Adrien Baillet, *Jugemens des savans sur les principaux ouvrages des auteurs*, 1:163, 164.

Notes, Chapitre 4

1. *L'Ecole des maris* (1661), en particulier, montre une structure narrative semblable à ce texte de La Fontaine. Le vieux Sganarelle, prétendu de la jeune Isabelle, s'offre lui-même (également sans le savoir) comme intermédiaire entre Isabelle et Valère, son jeune amant. A l'Acte II, il est question d'un billet doux qui doit passer entre les mains de Sganarelle (opposant et adjuvant syncrétisés) avant de parvenir à son destinataire. Le mot encourageant du valet de Valère, "L'amour rend inventif" (v. 339), rappelle la formule de La Fontaine citée à notre p. 103.

2. C'est nous qui soulignons certains mots à l'intérieur de cette citation et de celles qui suivront.

3. Ferdinand de Saussure, *Cours de linguistique générale*, p. 37.

4. Jean de La Fontaine, *Œuvres*, 6:32n.6. Les explications en forme de notes créent une sorte de métatexte qui a la fonction d'annoter la langue de La Fontaine.

5. Le carré de la manipulation est proposé par A. J. Greimas et J. Courtés dans *Sémiotique: dictionnaire raisonné de la théorie du langage*, p. 220.

6. Selon Pascal dans *De l'art de persuader*: "quoi que ce soit qu'on veuille persuader, il faut avoir égard à la personne à qui on en veut, dont il faut connaître l'esprit et le coeur, quels principes il accorde, quelles choses il aime," *Œuvres complètes*, p. 356.

7. Ibid., pp. 355, 356.

8. "La communication est toujours contraignante en ce sens que le destinataire...se trouve en face d'un choix forcé: il est capable de choisir mais il ne peut pas ne pas choisir ou choisir les deux possibilités à la fois qui lui sont présentées." "Vers une sémiotique de la manipulation," *Le Bulletin* 1 (1977):6.

9. J. Fontanille, D. Pessoa de Barros, J. Sacré, F. Thurlemann, "La Fontaine et la manipulation: Analyse de la fable, *Le dépositaire infidèle*," *Le Bulletin* 2–3 (1978): 28.

10. "Poems containing questions explicitly assert their intertextual nature, not just because they seem to request an answer and hence designate themselves as incomplete, but because the presuppositions carried by their questions imply a prior discourse." Jonathan Culler, "Presupposition and Intertextuality," p. 1391.

11. Dans un article portant sur la sémiotique topologique et la transmission du savoir, M. Hammad parle du schéma de la "symbolisation: le signifiant n'est là que pour permettre la saisie du signifié; ce qui est important dans une communication ce n'est pas le signifiant en lui-même, mais ce à quoi il renvoie. ...le signifié ne peut pas être saisi sans son signifiant" ("L'Espace du séminaire," p. 48).

12. Le carré sémiotique de la véridiction, établi par A. J. Greimas et J. Courtés, met en corrélation les deux dimensions de l'existence où se joue le "jeu de la vérité." Voir l'article sur les modalités véridictoires dans *Sémiotique: dictionnaire*.

13. A. J. Greimas, "Le Contrat de véridiction," p. 8. *Dilbilim* est une revue publiée par le Département de français de l'Université d'Istanbul.

14. Au sujet de la factitivité, voir l'article dans Greimas et Courtés, *Sémiotique: dictionnaire*.

15. Jacques Derrida, "La Différance," p. 46.

16. Ibid., p. 51.

17. Ibid., p. 54.

18. Nous voulons faire comprendre que le détour n'est pas absolument indispensable à l'acquisition de l'objet de désir par le sujet quêteur. Il l'est plus probablement pour l'existence du conte, étant donné que la ruse représente le centre d'intérêt littéraire.

19. Pascal, p. 511.

Notes, Chapitre 5

1. Paul Valéry, "Lettre sur Mallarmé," *Œuvres*, 1:634.

2. Michel Foucault, "Qu'est-ce qu'un auteur?" p. 84.

3. Robert J. Clements et Joseph Gibaldi, *Anatomy of the Novella: The European Tale Collection from Boccaccio to Cervantes*, voir pp. 13–14. Cf. Lotman, "Le 'Hors-Texte': les liaisons extratextuelles de l'oeuvre poétique": "Dans l'histoire de l'art universel, avec toute son épaisseur historique, les systèmes artistiques liant le mérite esthétique à l'originalité sont plutôt l'exception que la règle" (p. 76).

4. C. A. Walckenaer, *Histoire de la vie et des ouvrages de J. de La Fontaine*, pp. 425–26. Il nous assure au surplus que "si l'on veut se faire une idée précise de ce qui constitue l'invention en poésie, on verra que La Fontaine mérite, plus qu'aucun autre poète, d'être considéré comme inventeur" (p. 424).

5. René Wellek et Austin Warren, *Theory of Literature*, p. 259. C'est nous qui soulignons.

6. Julia Kristeva, *Sémiotikè: Recherches pour une sémanalyse*, pp. 113, 146, 255. Plus tard dans sa *Révolution du langage poétique*, Kristeva révise sa terminologie: "Le terme d'*inter-textualité* désigne cette transposition d'un (ou de plusieurs) système(s) de signes en un autre; mais puisque ce terme a été souvent entendu dans le sens banal de 'critique des sources' d'un texte, nous lui préférons celui de *transposition...*" (pp. 59–60). Néanmoins, le premier terme a l'air de tenir bon.

7. Jonathan Culler, "Presupposition and Intertextuality," p. 1381.

8. Kristeva, *Sémiotikè*, p. 114.

9. Ibid., p. 152.

10. Boileau, *Œuvres complètes*, pp. 309–10.

11. Peter Haidu, "Repetition: Modern Reflections on Medieval Aesthetics," p. 875.

12. Valéry, "Lettre sur Mallarmé," pp. 634–35.

13. Edward Saïd, "On Originality," p. 60.

14. Walter A. Koch, *Recurrence and a Three-Modal Approach to Poetry*, p. 51.

15. Kristeva, *Sémiotikè*, pp. 113–42.

16. Saïd, *Beginnings: Intention and Method*, p. xiii.

17. Wellek et Warren, p. 257.

18. Jacques Schiffrin de l'édition de la Pléiade s'en remet à Walckenaer pour l'explication du manque. Voir La Fontaine, *Œuvres complètes*, 1:816–17. Voir aussi l'édition de H. Régnier, 4:155.

19. Kristeva, *La Révolution du langage poétique*, p. 339.

20. Voir James W. Hassell, *Sources and Analogues of the "Nouvelles Recreations et Joyeux Devis" of Bonaventure des Périers*, pp. 52, 54.

21. Tzvetan Todorov, *Grammaire du Décaméron*, p. 78. La raison pour laquelle l'échange est faussé sera élucidée par la suite.

22. Armine A. Kotin, *The Narrative Imagination: Comic Tales by Philippe de Vigneulles*, p. 48.

23. Saïd, "On Originality," p. 65.

24. Bonaventure des Périers, *Nouvelles récréations et joyeux devis* dans *Conteurs français du XVIe siècle*, p. 390. Toutes les citations de ce texte se référeront désormais à cette édition.

25. Les *Cent Nouvelles nouvelles* dans *Conteurs français du XVIe siècle*, p. 31. Toutes les citations de ce texte se référeront désormais à cette édition.

26. John C. Lapp, *The Esthetics of Negligence*, p. 52; et Renée Kohn, *Le Goût de La Fontaine*, p. 275. Nous nous servons donc de cette même traduction: Boccace, *Le Décaméron*, pp. 484 ff. La traduction de Le Maçon parut pour la première fois à Lyon en 1548.

27. "…maintenant pour ce que je l'aime je n'ay point délibéré de prendre autre vengeance de luy, sinon telle comme l'offence a esté" (p. 486v°). Notons qu'ici il n'y a pas de jeu entre l'être et le paraître mais que cela est conforme avec la nature du PN1.

28. Lapp, p. 68. Cf. en particulier, "ce qu'on coupe en Turquie" de La Fontaine et "là où tu ne le voudras…je lui joueray un tel jeu, que toy ne lui ne serez jamais aises" (p. 486v°). de Boccace.

29. Todorov, *Grammaire du Décaméron*, p. 68.

30. Todorov, *Poétique de la prose*, p. 53.

31. Un fragment de cette épître est cité dans Mathieu Marais, *L'Histoire de la vie et des ouvrages de La Fontaine* dans *Contes et nouvelles de La Fontaine*, p. lix.

32. Pierre Guiraud, *Sémiologie de la sexualité*, pp. 100, 101.

33. Voir aussi Philippe Sollers, "Ecriture et révolution," p. 75: "Le sexe et l'écriture sont liés de telle façon que l'un est sans cesse la métaphore de l'autre (exemple,

cette formulation récente de Serge Leclaire dans *Psychanalyser*: 'Le phallus est à la fois la lettre et le stylet qui la trace'), c'est là le lieu d'un renversement constant."

34. Voir Jennifer Schiffer Levine, "Originality and Repetition in *Finnegans Wake and Ulysses*," p. 110: "We might recall, too, how many of the chapters in *Ulysses* end in an ejaculation of some sort, as often as not excremental as phallic. In *Finnegan's Wake* the interconnectedness of human production is explored." L'auteur appelle cela "letter-litter transformation."

35. Saïd, *Beginnings*, p. 12.

36. Sollers, p. 75.

37. Kristeva, *La Révolution du langage poétique*, p. 338.

38. Jacques Derrida, *Positions*, pp. 38, 40.

39. Ibid., p. 38.

Notes, Chapitre 6

1. Jean de La Fontaine, *Œuvres*, 4:17.

2. A propos du fait qu'Astolphe est trompé par un nain, notons que le vrai roi des Lombards nommé Astolphe chasse les Byzantins de l'exarchat de Ravenne en 752, mais fut battu en 754–756 par *Pépin le Bref*, roi des Francs (Robert, *Dictionnaire universel des noms propres*).

3. *The Esthetics of Negligence*, p. 98.

4. Brooks, "Freud's Masterplot," pp. 289–90.

5. Boileau, *Œuvres complètes*, pp. 309, 324.

6. Toutes précisions sur les concepts sémiotiques de contrat et d'échange sont tirées des articles respectifs dans Greimas et Courtés, *Sémiotique: dictionnaire raisonné de la théorie du langage*.

7. Mauss, "Essai sur le don," *Sociologie et anthropologie*. Voir aussi notre article "The Gift in Chrétien de Troyes: Largesse or Obligation?"

8. *Sémiotique: dictionnaire*, p. 71.

9. Mathurin Régnier dans sa fameuse "Macette ou L'hypocrisie déconcertée" (Satire XIII) tire à peu près la même conclusion vêtue d'une image différente:

On trouve bien la cour dedans un monastère;
Et, après maint essay, enfin j'ay reconnu
Qu'un homme comme un autre est un moine
     tout nu.

Ces vers ressemblent surtout par leur thème à la Quatrième Partie des *Contes* de La Fontaine dans laquelle il se spécialise dans la moquerie de l'Eglise.

10. Lapp, p. 99.

11. Là où nous voyons peu d'étendue, H. Régnier commente sur "l'exactitude de cette gradation hiérarchique" (La Fontaine, *Œuvres*, 4:43n.2).

12. Viggo Røder, "Sémiotique du conte," p. 67.

13. A. J. Greimas, "De la modalisation de l'être," p. 13.

14. Greimas et Courtés, *Sémiotique: dictionnaire*, p. 69.

15. Ibid., p. 40.

16. Greimas, "De la modalisation de l'être," p. 17.

17. Mme de LaFayette, *La Princesse de Clèves* dans *Romanciers du XVIIe siècle*, p. 1212. En ce qui concerne cette différence illusoire à propos de M. de Nemours, Jules Brody commente, "rather than the unique exception to his species that [the Princesse de Clèves] had yearned to see in him, Nemours is typical of all other men; the 'difference' that she had willed to find in him existed not in his nature, but in her mind" (*"La Princesse de Clèves* and the Myth of Courtly Love," p. 127).

18. Al. Cioranescu, *L'Arioste en France*, 2:60.

19. Greimas, "De la modalisation de l'être," p. 11.

20. Ibid., p. 16.

Notes, Chapitre 7

1. C. A. Walckenaer, *Histoire de la vie et des ouvrages de J. de La Fontaine*, p. 134.

2. Gilles E. de La Fontaine, *La Fontaine dans ses "Contes": Profil de l'homme d'après ses confidences*, p. 16.

3. Voir les pages 61 ff. dans le chapitre "Frontières du récit" dans Gérard Genette, *Figures II* (Paris: Seuil, 1969).

4. Pour une exposition plus complète sur ce sujet voir les articles "énonciation" et "déictique" dans Greimas et Courtés, *Sémiotique: dictionnaire raisonné de la théorie du langage*.

5. Julia Kristeva, *Sémiotikè*, p. 140.

6. Umberto Eco, *L'Œuvre ouverte*, p. 9.

7. Ibid., p. 10.

8. Ibid., p. 22.

9. Umberto Eco, "The Myth of Superman," pp. 19–20. Cet article fascinant paraît dans une forme un peu différente dans son *Role of the Reader: Explorations in the Semiotics of Texts* (Bloomington: Indiana Univ. Press, 1979), pp. 107–24.

10. Kristeva, p. 121.

Bibliographie

Œuvres citées

Athénée. *Les Quinze Livres de Deipnosophistes d'Athénée*, tr. Michel de Marolles. Paris: Jacques Langlois, 1680.

Baillet, Adrien. *Jugemens des savans sur les principaux ouvrages des auteurs.* Amsterdam, 1725. 8v.

Barthes, Roland. *S/Z*. Paris: Seuil, 1970.

Boccace. *Le Décameron*, tr. Antoine Le Maçon. Paris: Claude Micard, 1572.

Boileau. *Œuvres complètes*. Paris: Gallimard/Pléiade, 1966.

Bornäs, Goran. "*Le Cocu battu et content*: Etude sur un conte de La Fontaine." *Studia Neophilologica* 44 (1972):37–61.

Brantôme. *Les Dames galantes*, éd. M. Rat. Paris: Garnier, 1967.

Brody, Jules. "*La Princesse de Clèves* and the Myth of Courtly Love." *University of Toronto Quarterly* 38 (1969):105–35.

Brooks, Peter. "Freud's Masterplot." *Yale French Studies* 55/56 (1977):280–300.

Cauley, Joseph C. "Narrative Techniques in the *Contes et nouvelles en vers* of La Fontaine." *French Literature Series* (Univ. of South Carolina, 1975), 2:27–38.

Les Cent Nouvelles nouvelles dans *Conteurs français du XVIe siècle*, éd. P. Jourda. Paris: Gallimard/Pléiade, 1956. Pp. 1–358.

Cioranescu, Al. *L'Arioste en France*. Paris: Editions des Presses Modernes, 1939. 2 v.

Clements, Robert J. and Gibaldi, Joseph. *Anatomy of the Novella: The European Tale Collection from Boccaccio and Chaucer to Cervantes*. New York: NYU Press, 1977.

Courtés, Joseph. *Introduction à la sémiotique narrative et discursive: Méthodologie et application*. Paris: Hachette, 1976.

Culler, Jonathan. "Presupposition and Intertextuality." *MLN* 91 (1976):1380–96.

Dauzat, Albert. *Dictionnaire étymologique des noms de famille et prénoms de France*. Paris: Larousse, 1951.

Deleuze, Gilles. *Différence et répétition*. Paris: PUF, 1968, 1972.

Derrida, Jacques. "Coming into One's Own," tr. J. Hulbert. *Psychoanalysis and the Question of the Text*, ed. G. Hartman, pp. 114–48. Baltimore: Johns Hopkins Univ. Press, 1978.

―――. *De la grammatologie*. Paris: Minuit, 1967.

131

————. "La Différance." *Théorie d'ensemble*, éd. P. Sollers, pp. 41–66. Paris: Seuil, 1968.

————. *La Dissémination*. Paris: Seuil, 1972.

————. *L'Ecriture et la différence*. Paris: Seuil, 1967.

————. *Positions*. Paris: Minuit, 1972.

————. "Speculations—On Freud," tr. I. McLeod. *Oxford Literary Review* (July 1978):78–97.

Des Périers, Bonaventure. *Nouvelles récréations et joyeux devis* dans *Conteurs français du XVIe siècle*, éd. P. Jourda, pp. 361–594. Paris: Gallimard/Pléiade, 1956.

Eco, Umberto. "The Myth of Superman." *Diacritics* (Spring 1972):14–22.

————. *L'Œuvre ouverte*. Paris: Seuil, 1965.

Foucault, Michel. "Qu'est-ce qu'un auteur?" *Bulletin de la Société française de Philosophie* 63 (fev. 1969):73–104.

Genette, Gérard. *Figures II*. Paris: Seuil, 1969.

Genot, Gérard. "Le Récit (du) déclassé." *Revue Romane* 7 (1972):204–32.

Greimas, A. J. "Le Contrat de véridiction." *Dilbilim* 2 (1977):1–11.

————. "De la modalisation de l'être." *Le Bulletin*, 9 (1979), 9–19.

————. *Du sens: Essais sémiotiques*. Paris: Seuil, 1970.

————. *Essais de sémiotique poétique*. Paris: Larousse, 1972.

————. *Maupassant: la sémiotique du texte*. Paris: Seuil, 1976.

————. *Sémantique structurale*. Paris: Larousse, 1966.

————. *Sémiotique et sciences sociales*. Paris: Seuil, 1976.

Greimas, A. J., et Courtés, J. *Sémiotique: dictionnaire raisonné de la théorie du langage*. Paris: Hachette, 1979.

Grivel, Charles. *Production de l'intérêt romanesque: Un état du texte (1870–1880), un essai de constitution de sa théorie*. La Haye: Mouton, 1973.

Guiraud, Pierre. *Sémiologie de la sexualité*. Paris: Payot, 1978.

Haidu, Peter. "Repetition: Modern Reflections on Medieval Aesthetics." *MLN* 92 (1977):875–87.

Hammad, Manar. "Définition syntaxique du *topos*." *Le Bulletin* 10 (1979):25–27.

————. "L'Espace du séminaire." *Communications* 27 (1977):28–54.

Hassell, James W., Jr. *Sources and Analogues of the "Nouvelles Recreations et Joyeux Devis" of Bonaventure des Périers*. Chapel Hill: Univ. of North Carolina Press, 1957.

Hrushovski, Benjamin. "Poetics Plus." *Poetics Today* 1 (1979): nos. 1–2, 5–6.

Jakobson, Roman. "Linguistics and Poetics." *Style in Language*, ed. T. Sebeok, pp. 350–77. Cambridge, Mass.: MIT Press, 1960.

Jankélévitch, Vladimir. *L'Ironie*. Paris: Flammarion, 1964.

Koch, Walter A. *Recurrence and a Three-Modal Approach to Poetry*. La Haye: Mouton, 1966.

Kotin, Armine A. *The Narrative Imagination: Comic Tales by Philippe de Vigneulles*. Lexington: Univ. Press of Kentucky, 1977.

Kristeva, Julia. *La Révolution du langage poétique: L'Avant-Garde à la fin du XIXe siècle: Lautréamont et Mallarmé*. Paris: Seuil, 1974.

————. *Sémiotikè: Recherches pour une sémanalyse*. Paris: Seuil, 1969.

Kuizenga, Donna. "La Fontaine's *Le Faucon*: A Lesson of Experience." *French Forum* 2 (1977):214–23.

Lafayette, Mme de. *La Princesse de Clèves* dans *Romanciers du XVIIe siècle*. Paris: Gallimard/Pléiade, 1958.

La Fontaine, Gilles E. de. *La Fontaine dans ses "Contes": Profil de l'homme d'après ses confidences*. Sherbrooke: Editions Naaman, 1978.

La Fontaine, Jean de. *Œuvres*, éd. H. Régnier. Paris: Hachette, 1883–97. 11v.

————. *Œuvres complètes*, éd. R. Groos et J. Schiffrin. Paris: Gallimard/Pléiade, 1954. 2v.

Lapp, John C. *The Esthetics of Negligence: La Fontaine's Contes*. New York: Cambridge Univ. Press, 1971.

Levin, Samuel R. *Linguistic Structures in Poetry*. La Haye: Mouton, 1962.

Levine, Jennifer Schiffer. "Originality and Repetition in *Finnegan's Wake* and *Ulysses*." *PMLA* 94 (1979):106–20.

Lotman, Yuri. *Analysis of the Poetic Text*, tr. D. Barton Johnson. Ann Arbor: Ardis, 1976.

————. "Le 'Hors-Texte': Les liaisons extratextuelles de l'oeuvre poétique." *Change* 6 (1970):68–81.

Marais, Mathieu. *L'Histoire de la vie et des ouvrages de La Fontaine* dans *Contes et Nouvelles de La Fontaine*. Paris: Adolphe Delahays, 1858. Pp. xiii–ci.

Mauss, Marcel. *Sociologie et anthropologie*. Paris: PUF, 1973.

Merino, Jane. "The Gift in Chrétien de Troyes: Largesse or Obligation." *Chimères* (Fall 1979):5–15.

————. "The Play of Deferred Communication in La Fontaine's *La Confidente sans le savoir*." *Papers in French Seventeenth Century Literature* 11 (1979):107–17.

Molière. *Œuvres complètes*. Paris: Seuil, 1962.

Montaigne, Michel de. *Œuvres complètes*, éd. A. Thibaudet et M. Rat. Paris: Gallimard, 1962.

Montégut, Emile. "*La Fiancée du Roi de Garbe* et *Le Décaméron*." *Revue des Deux Mondes* 45 (1863):721–36.

Morrissette, Bruce. *Les Romans de Robbe-Grillet*. Paris: Minuit, 1963.

Nef, Frédéric, éd. *Structures élémentaires de la signification*. Bruxelles: Editions Complexe, 1976.

Pascal, Blaise. *Œuvres complètes*. Paris: Seuil, 1963.

————. *Pensées*, éd. L. Lafuma. Paris: Seuil, 1962.

Propp, Vladimir. *Morphologie du conte*. Paris: Seuil, 1965.

Régnier, Mathurin. *Œuvres complètes*. Paris: Librairie Marcel Didier, 1958.

Riffaterre, Michael. *Semiotics of Poetry*. Bloomington: Indiana Univ. Press, 1978.

Røder, Viggo. "Sémiotique du conte." *Poetics* 6 (1972):50–71.

Saïd, Edward W. *Beginnings: Intention and Method*. New York: Basic Books, 1975.

————. "On Originality." *Uses of Literature* (Harvard English Studies), ed. M. Engel, pp. 49–65. Cambridge: Harvard Univ. Press, 1973.

Saussure, Ferdinand de. *Cours de linguistique générale*. Paris: Payot, 1972.

Sémiotique & Bible, éd. CADIR. Lyon: Centre pour l'Analyse du Discours Religieux. Nos. 11–13 (1978–79).

Smith, Barbara Herrnstein. *Poetic Closure: A Study of How Poems End*. Chicago: Univ. of Chicago Press, 1968.

Sollers, Philippe. "Ecriture et révolution." *Théorie d'ensemble*, éd. P. Sollers, pp. 67–79. Paris: Seuil, 1968.

Soriano, Marc. "Des *Contes* aux *Fables*." *Europe* 515 (1972):99–131.

Todorov, Tzvetan. *Grammaire du Décaméron*. La Haye: Mouton, 1969.

———. *Poétique de la prose*. Paris: Seuil, 1971.

Tyler, Allan J. *A Concordance to the Fables and Tales of Jean de La Fontaine*. Ithaca: Cornell Univ. Press, 1974.

Valéry, Paul, *Œuvres*. Paris: Gallimard/Pléiade, 1957. 2 v.

Varga, A. Kibédi. *Les Constantes du poème*. Paris: A. et J. Picard, 1977.

Walckenaer, C. A. *Histoire de la vie et des ouvrages de J. de La Fontaine*. Paris: A. Nepveu, 1824.

Wellek, René et Warren, A. *Theory of Literature*. New York: Harcourt, Brace & World, 1942, 1956.

Œuvres consultées

Barthes, Roland. *Le Plaisir du texte*. Paris: Seuil, 1973.

Blin, Michèle. "La Fonction de la répétition dans "Le Professeur Taranne": Essai d'Approche sémio-analytique d'une pièce d'Adamov." *Revue du Pacifique* 2 (1976):61–80.

Bornecque, Pierre. "Thèmes et organisations des *Fables*." *Europe* 515 (1972):39–52.

Bosse, Abraham. *Le Peintre converty aux règles de son art*, éd. R. A. Weigert. Paris: Hermann, 1964.

Bremond, Claude. *Logique du récit*. Paris: Seuil, 1973.

Clarac, Pierre. *La Fontaine*. Paris: Hatier, 1959.

Collinet, Jean-Pierre. "L'Art de lire selon La Fontaine." *Europe* 515 (1972):90–98.

———. *Le Monde littéraire de La Fontaine*. Paris: PUF, 1970.

Collinet, Jean-Pierre et Serroy, J. *Romanciers et conteurs du XVIIe siècle*. Paris: Ophrys, 1975.

Coquet, Jean-Claude. *Sémiotique littéraire*. Paris: Mame, 1973.

Couton, Georges. *La Poétique de La Fontaine*. Paris: PUF, 1957.

Deloffre, Frédéric. *La Nouvelle en France à l'âge classique*. Paris: Didier, 1967.

Derrida, Jacques. *La Carte postale: de Socrate à Freud et au-delà*. Paris: Aubier-Flammarion, 1980.

Eco, Umberto. *A Theory of Semiotics*. Bloomington: Indiana Univ. Press, 1976.

Freud, Sigmund. "Remembering, Repeating and Working-Through." *The Complete Psychological Works of Sigmund Freud*, tr. J. Strachey, 12;145–56. London: Hogarth Press, 1958.

Genette, Gérard. *Figures*. Paris: Seuil, 1966.

Godenne, René. *Histoire de la nouvelle française aux XVIIe et XVIIIe siècles.* Genève: Droz, 1971.

Greimas, A. J. "Un problème de sémiotique narrative: les objets de valeur." *Langages* 31 (1973):13–35.

Greimas, A. J., et Landowski, E. *Introduction à l'analyse du discours en sciences sociales.* Paris: Hachette, 1979.

Gross, Nathan. "Functions of the Framework in La Fontaine's *Psyché.*" *PMLA* 84 (1969):577–86.

Groupe d'Entrevernes. *Analyse sémiotique des textes.* Lyon: Presses Universitaires de Lyon, 1979.

Gudin, Paul. *Histoire ou recherches sur l'origine des contes.* Paris: Messidor, 1803.

Howard, Fannie Scott. "La Fontaine on Fiction Writing: Reality and Illusions in the *Contes.*" *French Literature Series* (Univ. of South Carolina, 1975), 2:167–72.

———. "La Fontaine's *Le Tableau*: A Consideration of the Parallel of Poetry and Painting." *French Literature Series* (Univ. of South Carolina, 1975), 2:15–26.

Kawin, Bruce F. *Telling it Again and Again: Repetition in Literature and Film.* Ithaca: Cornell Univ. Press, 1972.

Kohn, Renée. *Le Goût de La Fontaine.* Paris: PUF, 1962.

La Fontaine, Gilles E. "Les *Contes* de La Fontaine et les contemporains." *Présence Francophone* 3 (1971):94–102.

Lapp, John C. "On Some Manuscripts of La Fontaine in America." *MLN* 75 (1960): 490–97.

Lee, A. C. *The Decameron, Its Sources and Analogues.* London: David Nutt, 1909.

Miller, J. Hillis. "Ariadne's Thread: Repetition and the Narrative Line." *Critical Inquiry* 3 (1976):57–77.

Poétique: Intertextualités, 27 (1976).

Prince, Gerald. "Introduction à l'étude du narrataire." *Poétique* 14 (1973):178–96.

Rastier, François. *Essais de sémiotique discursive.* Tours: Mame, 1973.

Riffaterre, Michael. *Essais de stylistique structurale.* Paris: Flammarion, 1971.

———. *La Production du texte.* Paris: Seuil, 1979.

Rimmon-Kenan, Shlomith, "The Paradoxical Status of Repetition." *Poetics Today* 1 (1980):151–59.

Sareil, Jean. "La Répétition dans les *Contes* de Voltaire." *French Review* 35 (1961): 137–46.

Seem, Mark D. "Liberation of Difference: Toward A Theory of Anti-literature." *New Literary History* 5 (1973):119–33.

Smock, Ann. "The Disclosure of Difference in Butor." *MLN* 89 (1974):654–68.

Spitzer, Leo. "L'Art de la transition chez La Fontaine." *Etudes de Style*, pp. 166–207. Paris: Gallimard, 1970.

Sturdza, Paltin. "Répétition et différence dans *L'Année dernière à Marienbad.*" *Neophilologus* 61 (1977):48–55.

Tiefenbrun, Susan W. "The Art of Repetition in *La Princesse de Clèves.*" *Modern Language Review* 68 (1973):40–50.

Bibliographie

————. *A Structural Stylistic Analysis of La Princesse de Clèves*. La Haye: Mouton, 1976.

Wadsworth, Philip A. "La Fontaine's Theories on the Fable as a Literary Form." *Rice University Studies* 57 (1971):115–27.

Index

Abstract

Différence et répétition dans les Contes *de La Fontaine* is an in-depth analysis of five of La Fontaine's *Contes*, treating the tales from a semiotic perspective integrating theories of Greimas, Derrida, and Kristeva. This approach results in a broadly based and original theoretical framework. Merino-Morais concentrates on the functioning of each La Fontaine tale, on "how" it produces meaning. For her, difference and repetition subsume individual themes and discursive configurations and become distinguishable through a narrative grammar that permits the bringing together and comparison of disparate events.

Guided primarily by the principles of Greimasian semiotics, the author focuses on the play of difference and repetition that governs the production of meaning in the texts. Each chapter represents a detailed analysis of a single text (*conte*) according to the semiotic concept that best captures its principal narrative properties. After a brief introduction, Merino-Morais examines the notion of circulation of the object of desire as well as the semiotics of topology in *La Fiancée du roi de Garbe*. The *Conte tiré d'Athénée* (Les Deux amis) presents the opportunity to study a short text of sixteen verses focusing on the semiotics of poetics, with emphasis on the homology between textual levels and semantic equivalences. Deferred communication is the subject of the chapter on *La Confidente sans le savoir*, in which the author analyzes the structures of manipulation and the problem of veridiction. A study of intertextuality in *Le Faiseur d'oreilles et le raccommodeur de moules* follows, in which the author considers this tale's relationship with analogous texts of Boccaccio, Des Périers, and the *Cent Nouvelles nouvelles*.

Finally, *Joconde*—the most exemplary of La Fontaine's tales—permits a return to a number of semiotic principles discussed in previous chapters: dual subject, sexual contracts, homology of sequences, objects of value. Here the author provides a synthesis of the uniqueness-difference/recurrence-resem-

141

blance relations and the modalization of these values in the text. In the concluding chapter, Merino-Morais raises questions regarding the *énonciation énoncée* (author's discourse within the narrative), including its relationship to the meaning of the narrative and the inversion of values necessary to that meaning.

UNIVERSITY OF FLORIDA MONOGRAPHS
Humanities